어쩌다 군대

저 자 와
협의하여
인지 생략

어쩌다 군대

지은이 | 남기숙
펴낸이 | 一庚 張少任
펴낸곳 | 돌샘 답게
초판 인쇄 | 2022년 11월 25일
초판 발행 | 2022년 11월 30일
등 록 | 1990년 2월 28일, 제 21-140호
주 소 | 04975 서울특별시 광진구 천호대로 698 진달래빌딩 502호
전 화 | (편집) 02)469-0464, 02)462-0464
　　　　(영업) 02)463-0464, 02)498-0464
팩 스 | 02) 498-0463
홈페이지 | www.dapgae.co.kr
e-mail | dapgae@gmail.com, dapgae@korea.com
ISBN 978-89-7574-355-9
ⓒ 2022, 남기숙

나답게·우리답게·책답게

어쩌다 군대

남기숙 지음

마음지키기 필수지침서

도서
출판 **답게**

| 목차 |

어쩌다 군복을 보면 반갑습니다

저는 군대로 출근하는 심리상담사입니다. 오늘도 용사들의 마음을 만나기 위해 3년째 늘 같은 길로 다니고 있습니다. 길에서 군복을 입은 용사들을 만나면 저도 모르게 고개가 따라가고, 군복을 보며 우리 부대 마크가 있는지, 제가 아는 용사인지 보게 됩니다. 직업병이 참으로 무섭습니다. 최근엔 주말에 가족들과 카페에 갔는데 전역한 용사가 저를 먼저 알아봐서 반가웠던 기억이 있습니다.

심리상담사라는 직업은 매일 새로운 사람들을 만나 정보를 파악하는 일뿐만 아니라, 깊은 내면의 이야기를 건져 올려내는 일을 해야 하고, 기존의 내담자를 만나서 그들의 깊은 내면에 있는 이야기까지 할 수 있도록 도움을 주는 역할을 하기도 합니다. 변화보다는 익숙한 환경을 선호하는 제가 어떻게 새로운 사람의 마음을 만나는 일을 하게 되었는지 저조차도 의아하지만, 이 직업을 저에게 주어진 소명으로 생각하며 힘들지만, 보람을 느끼며 소중히 여기고 있습니다.

군대에서 일한다고 하면 주변에서 신기해합니다. 물론, 이미 들어서 아는 분들이 계시기도 합니다. 생각보다 군대에서 일하는 분들이 많이 있고, 저희는 민간인 신분으로 일하고 있습니다.

부대로 전입을 온 용사들을 만나면 잔뜩 긴장되어 있습니다. 20살부터 많으면 27살 정도까지의 신병을 보았습니다. 그들은 20살이 되었으니 성인이라고 볼 수 있지만, 아직은 후기 청소년입니다. 20대 대학생 또는 사회초년생인 청년들로 고등학교 졸업 후 대학교를 진학해서 학업을 하며 사회생활을 배워야 할 시기이고, 고등학교 졸업 후 취업해서 사회생활을 하다가 군대에 입대한 청년들입니다.

신병들에게 긴장이 된 이유를 물어보면 성인이기 때문에, 후임이기 때문에 실수하면 안 된다는 것입니다. 그들에게 '당신들은 후기 청소년이다.'라고 하며, '후기 청소년의 느낌은 어떠한가요?'라고 질문을 하면 조금은 긴장이 덜하다고 합니다. 친구들과 놀고, 공부하고 다른 걱정은 하지 않아도 되고, 실수해도 친구들이나 어른들이 괜찮다고 해준다는 거지요. 하지만 군대에서는 실수하면 자신은 이상한 사람, 능력 없는 사람이 될 것만 같다는 것입니다.

후기 청소년의 시선으로 본다면 누구나 실수를 할 수 있어요. 하지만 같은 실수를 반복하지 않기 위해 노력이 중요하다는 것을 우리는 함께 이야기했습니다. 용사들은 그제야 이해가 된다는 의미로 고개를 끄덕끄덕하며 메모했습니다. 이제 긴장이 조금씩 풀리는 모습입니다. 저의 역할 중에 하나겠지요. 우리 용사들이 좀더 편한 마음으로 군 생활을 할 수 있도록, 자신의 마음을 탐색할수 있도록 안내하는 마음의 나침반 같은 사람이요. 그런 사명감으로 살아가고 있습니다.

병영생활 전문상담관은 간부와 용사 사이에서 다리 역할을 한다고 볼 수 있습니다. 상담관은 군 생활에 있어 용사들이 정서적인 불편함(간부, 용사들과의 관계, 보직으로 인한 어려움, 생활관에서의 어려움 등)을 겪게 되면 상담을 진행하고 객관적인 시선으로 용사의 상황을 살펴보고 부대에 지휘 조언을 할 수 있습니다. 부대와 지휘관은 회의를 통해 용사에게 도움이 되는 조치를 취해주기도 합니다.

어쩌면 용사들은 군대에서 대인관계를 구체화하는 시기로 볼 수 있을 거 같습니다. 또래집단에서 했던 편한 관계가 아닌 낯선 대상들과 간부들과 관계하고 있습니다. 긍정적으로 본다면 지역, 나이, 직업, 성향이 다른 폭넓은 대인관계를 경험할 수 있다는 것이고, 어려운 부분은 성향이 맞지 않으면 좀 더 불편한 관계를 경험할 수 있다는 것입니다. 그래서 용사 대부분이 군대라는 환경에서 더 힘든 시기를 겪고 있기도 합니다.

어쩌다 군대

어쩌다 군대에서는 용사들이 흔히 겪고 있는 다양한 정서적, 심리적 어려움을 소개하고 있습니다. 또한, 상담 장면 안에서 사례를 소개하고, 마음 읽기의 방법으로 그림책을 처방하여 사례의 이해를 돕고 있습니다.

소개된 사례들은 사실 용사들에게 제한되어 있다기보다는 흔히 우리가 일과 관계에서 겪는 심리적 어려움과 닿아있습니다. 불안, 우울감, 트라우마, 공황 증상, 신체화 증상, 충동성, 폭력성 등의 심리/정서적인 다양한 징후입니다.

군대에서는 사회에서 자살 시도를 경험했던 용사들과, 군대에 와서 시도하는 용사들과도 대면해야 할 때도 있습니다. 이처럼 병영생활 전문상담관들은 생명을 다루는 존엄한 일을 하고 있습니다.

우리는 그들의 마음을 좀 더 깊이 이해하고 보살펴야 합니다. 저는 그 일을 하고 있습니다. 좀 더 전문적인 지식과 접근으로 용사들에게 다가가야 할 때도 있습니다. 늘 상담관들은 전문가 자격을 유지하기 위해 수련받으며 끊임없이 노력하고 있습니다.

때론 지치고 마음이 닳고 닳아 사라질 거 같기도 합니다. 저희도 식물처럼 적당한 때에 물과 영양제를 주어야 잘 자랍니다. 하지만 그것을 당연하게 여기거나 저희의 존재를 모르는체하면 소진됩니다. 반면 따뜻한 말 한마디가 전달 되면 신기하게도 더 많은 힘을 얻게 되기도 합니다.

어쩌면 그동안의 상담사로 사는 삶에서보다 군대에서의 상담사로서의 사명감이 저를 더 성장하게 하고 있지 않나 생각해봅니다. 겉으로는 성인, 어른인 척하지만 아직은 여리고 어린잎의 용사들에게 힘이 되어주고 싶고, 그들이 건강하게 군 생활을 하길 바라는 마음을 이 책에 담았습니다.

오늘도 저는 용사들의 마음을 읽기 위해 출근합니다.

2022년 11월

남기숙

1부.

어쩌다 군 생활

1. 어쩌다 병영생활 전문상담관

[가드를 올리고]

"상담관 면접 보고 나오시는 길인가요? 어떠셨어요?"

병영생활 전문상담관 면접이 끝나 가방을 챙겨 나오는 순간 긴장이 풀리며 꼿꼿이 섰던 저의 어깨의 힘도 같이 풀렸습니다. 에스컬레이터를 함께 탄 남자분께서 다정하면서 조심스레 말을 건네셨습니다.

"아⋯. 네⋯. 잘못 본 거 같아요. 너무 압박 면접이었어요."

"저도 예전에 대대장으로 근무할 때 상담관님과 소통을 잘했어요. 그때 도움을 많이 받았어요. 잘 보셨을 겁니다. 파이팅 하세요!"

3년 전 병영생활 전문상담관 면접 후 정신이 없는 상태에서 모르는 분과 이렇게 대화를 하고 집으로 돌아갔던 날입니다. 지금 생각해도 웃음이 나네요. 마치 어제 일인 것처럼 생생하게 장면이 그려집니다. 저는 그때 대전에서 서울로 매일 KTX를 타고 출

퇴근했을 때였습니다. 붕붕 구름에 떠 있는 느낌으로 버스를 타고, 기차를 타고 대전으로 내려왔습니다. 그렇게 한 달을 마음 졸였고, 합격 통보받고, 12년 몸담았던 직장을 짧은 인사를 뒤로하고 정리했습니다.

전 직장에서 오랫동안 근무했고, 퇴사를 하게 되면 저의 빈자리가 크게 느껴질 거 같았어요. '내가 없으면 안 될 거야, 모두 슬퍼하겠지, 그리워하겠지'라고 걱정했지요. 하지만 이런 생각들은 이직한 직장 생활에 적응하느라 정신없이 지내며 사라졌지요. 그 자리에 누가 있었냐는 듯 남은 이들이 알아서 빈자리를 채우고 있었어요. 12년의 세월이 짧은 몇 마디로 인사가 되는 게 참 신기했어요. 문을 여닫는 것처럼 간단한 일같이 말이에요. 대전에 내려와서 후임 팀장이 연락을 자주 줄 거 같았는데 거의 주지 않았어요. 워낙 함께했던 시간이 길었고, 일을 잘하는 친구여서 그런지 저를 괴롭히지 않았답니다. 사실 아쉽기도 했어요. 저의 빈 자리를 보며 동료들이 그리워해 주길 바랐거든요. 전 직장 동료들과는 한 팀에서 5년 넘게 함께 했고, 손발이 잘 맞았습니다. 지금도 가끔 연락하고 있어요. 대학원 선후배여서 안부를 묻기도 하고, SNS로도 연결이 되어있어 힘들어하는 모습이 보이면 언니에게 말하라며 툭 하고 말을 건네기도 합니다.

군 상담은 대학원 동기들의 권유가 여러 번 있었습니다. 친정이 대전이란 걸 잘 알고 있는 동기 언니가 대전에 자리가 생기면 지원해보라고 권했습니다. 저는 근무하고 있던 기관에서 성장하고 싶었고, 한 귀로 듣고 한 귀로 흘렸습니다. 그리고 군대로 간다면 제일 마지막으로 갈 곳이라고 마음속으로 정해 놓았습니다.

기회는 아무 때나, 갑자기 온다고 생각하지 않습니다. 또한, 번아웃도 아무 때나, 갑자기 오지 않습니다. 어느 날 저보다 훨씬 크고, 단단한 돌무더기들이 사방에서 밀고 들어왔습니다. 이제는 갈 곳이 없었습니다. 아무리 바둥바둥해도 더는 틈이 보이지 않았습니다. 대전으로 이사 와서 친정 가까이 살며 부모님의 도움을 받게 되었습니다. 새벽에 일어나 딸 집으로 출근해서 바톤터치를 하는 친정엄마를 향한 미안한 마음이 가득했습니다. 그 마음을 안고 새벽 버스를 타고, 통근 기차 시간에 늦지 않기 위해 뛰어다녔습니다. 매일 밤 다리에 쥐가 나는 생활을 해도 괜찮았습니다. 괜찮아야 했고, 괜찮다고 말해야 했습니다. 그때는 다른 선택지가 없었고, 그게 맞다고 생각했고, 이렇게 하다 보면 어떻게 되겠지 했습니다.

기차 안에서 자주 보았던 고정순 그림책 『가드를 올리고』에서 링 위에서 빨간 권투 장갑을 끼고 이리저리 엎치락뒤치락하는 장면이 떠오릅니다. 상대에게 맞아서 더는 싸울 힘이 없는지, 다리에 힘이 풀렸습니다. 주저앉아 있기도 하고, 한 손으로 줄을 잡고 안간힘을 쓰며 버티기도 합니다. 그 장면을 마주하는 제 얼굴 근육이 굳어져 뻣뻣합니다. 일으켜 세워주고 싶어요.

『가드를 올리고』를 들고 기차에 올랐는데 어김없이 딸아이는 아침에 일어나 곁에 엄마가 없는 걸 알고 울면서 전화합니다. 조용히 객실에서 나와 아이를 안심시키고 자리에 돌아와 한 장 한 장 넘기는데 마음에 먹구름이 가득 차올랐습니다.

'내가 왜 여기에 있지? 무엇을 위해?'라고 제 마음에 질문을 합니다.

1년 반의 대전에서 서울로 오가는 시간. 제가 있어야 할 곳이 어딘지 몰라 헤매고 있었습니다. 대전인지, 서울인지? 그렇게 서서히 저는 허겁지겁 뛰며 신발만 닳았던 것이 아니라 제 마음도 함께 닳고 있었습니다. 그때 출근해서 커피 마시며 팀장들과 모여 제가 자주 했던 말이, "이제 그만하고 싶다. 이제 재미가 없어."였습니다.

제게 재미가 없다는 말은 큰 의미였습니다. 이 기관에서 힘들어도 버틸 수 있었던 것은 일이 재미있었기 때문입니다. 단순하게 일이 재미있었던 것 보다 함께하는 사람들, 함께 하는 공간도 모두 포함되었기 때문이지요.

어느 순간 이제 가슴이 뛰지 않으니, 심각하게 주위를 둘러보게 되었습니다. 한걸음 떨어져 나를 객관화해서 보면 언젠가부터 동료들 사이에서 연결되었던 선들을 느슨하게 길게 늘어뜨려 거리를 두었고, 사적인 이야기를 하지 않게 되었습니다. 점심시간에는 혼자 있는 시간을 만들었고, 되도록 말을 아꼈습니다.

그때 팀원의 반복된 실수로 팀장인 저의 반복된 수습, 팀원들에게 양해를 구해야 하는 상황, 중간 관리자로서의 어중간한 책임감, 몸에 꽉 끼어 불편한 역할 등등으로 인해 과부하, 번아웃이 왔습니다. 그때는 번아웃인 줄 몰랐고, 기회라고 생각되어 이직하게 되었습니다.

다른 데 가도 똑같겠지라는 생각에 이직은 생각하지 못했는데, 두 손에 꼭 쥐고 내려놓지 못했던 것들을 탁! 놓아버리니 시원했습니다. 결정은 또 다른 기회를 가져오기도 한다는 걸 깨달았습니다.

그렇게 저는 어쩌다 병영생활 전문상담관이 되었습니다.

Q 당신은 '지금-여기'에서 링 위에 있나요? 링 밖에 있나요?
그 위치에서 무얼 하고 있나요?

[상담자가 건네는 마음]
내 삶의 모양은 정해진 게 아니라 스스로 만드는 거예요. 주체적으로.

2. 어쩌다 신병처럼

저는 군대에서 근무하는 상담사입니다.

군대로 이직하고 첫 출근 날이었습니다. 집에서 50분 정도의 거리에 있는 부대로 배치받고, 같은 지역이지만 부대가 있는 곳은 처음이라 주변 환경이 정말 어색했어요. 너무 긴장해서 두리번거릴 수가 없었습니다. 앞만 보며 달리는 경주마 같은 기분이었습니다. 아마 신병도 저와 같은 마음이지 않을까요. 내비게이션이 도착지라고 안내해준 곳은 위병소였습니다. 처음이라 신분증을 맡기고, 방문증을 받았습니다. 저를 인솔해주시는 간부님과 함께 들어갔습니다. 두근두근.

신병들이 훈련소나 후반기 교육 후 자대배치를 받고 전입해 오면 보통 2~3달 지나 어느 정도 적응한다고 생각합니다. 신병 집체교육 때 만나고, 일병 때쯤 다시 용사들을 보면, 군 생활에 무르익은 용사들을 만날 수 있습니다. 군 시간에 좀 더 익숙해져 있다고 할까요? 온몸에 가득 찼던 긴장감을 조금은 내려놓은 듯 보입니다. 그때쯤 되면 100일 휴가를 나갈 때가 됩니다. 잔뜩 기대에 부풀어 휴가를 가서 무얼 할지, 누구를 만날지, 맛있는 음식을 뭘 먹을지, 어디를 갈지 계획을 짜는 그들을 볼 수 있습니다. 한동안 코로나19로 제한되었던 100일 휴가도 이제는 큰 제한 없이 적당히 나가고 있습니다. 참 다행이지요.

민간인인 저도 용사들처럼 처음에는 군에서의 근무가 어색했습니다.

먼저 군대에 들어온 대학원 동기들에게 어느 정도 정보가 있었고, 군대라는 틀이 있을 것만 같은 이미지, 정부 기관이라는 반듯한 이미지로 머릿속에 그림을 그려놓았습니다. 하지만 예상을 빗나간 예측 불가한 그림이었습니다. 변화를 불편해하는 저의 성향으로는 갑자기 일정이 바뀌는 횟수가 많은 군대 환경은 스트레스 그 자체였습니다. 이 부분이 익숙해지는데 3개월 정도의 시간이 필요했어요.

군대에는 다양한 계급이 있습니다. 계급을 익히는데도 시간이 걸렸습니다. 신병들이 적응 기간에 군 생활에 필요한 전반적인 내용에 관해 숙지하듯, 저도 하나씩 공부해가며 적응해나갔습니다. 어느새 용사들과 간부님들과 편하게 군 생활과 고충까지 이야기하다니 신기한 일이지요. 더구나 군대에 다녀온 친구들이나 가족들과도 가끔 군대 이야기하며 웃기도 하고, 어려움을 토로하기도 합니다.

업무 부분에서는 전 직장처럼 공공기관이라 비슷할 거라 생각했습니다. 하지만 군대가 공공기관이지만 보안이 중요한 곳이라 인터넷이 되지 않는 부분, 군 전용 인트라넷을 사용하는 부분, 그러다 보니 상담 자료나 양식 등이 다양하지 않고, 제약이 많아서 당황스러웠습니다. 찾아볼 수 있는 검색엔진도 제한적이다 보니 하나하나 만들어서 사용하고 있습니다.

언어 역시, 용사들이 항상 '다나까'를 사용하기 때문에 가끔 저도 모르게 군대 밖에서 대화할 때 무심코 튀어나올 때가 있습니다. 말을 하고도 웃음이 날 때가 많지요. 저도 점점 군 생활에 익어가고 있나 봅니다.

상담실의 환경적인 부분은 세팅을 새로 해야 하는 상황이어서 먼지를 털어내고, 닦고, 쓸고 청소가 필요했습니다. 이제는 안전한 공간이 된 이곳에서 용사들과 마음을 나누고, 그들의 성장을 돕는 일을 하고 있습니다.

상담실은 늘 혼자 공간을 지키다가 내담자가 상담에 와야 말을 할 수 있는 공간입니다. 제가 능동적으로 움직이지 않으면 저의 세상은 그 자리일 수 있습니다. 하지만 상담실에서 자신을 스스로 지키며 또 다른 꿈을 꾸고 있습니다.

　3년 전 그때는 어쩌다 신병처럼 적응하느라 시간이 필요했다면, 이제는 안정이 되어 부대의 안녕과 용사들의 정신 건강을 함께 돌보며 성장하고 있습니다.

3. 인싸템을 해주셔서 감사합니다!

[오, 미재!]

"당신의 성격유형은 무엇인가요?"

신병들이나 기존 용사들과 개인 상담을 했을 때 필수적으로 하는 심리검사는 성격유형 검사(MBTI)입니다. 요즘 예능 프로그램과 드라마에서 많이 접할 수 있는 성격유형 검사는 인터넷으로 많이 해보고, 자신의 유형이라고 알고 있는데요. 사실 아시는 분들은 아시겠지만, 인터넷으로 하는 검사는 정식 표준화 검사가 아닌 약식이라 생각하면 됩니다. 상담실에서는 당연히 정식 표준화 검사를 하고 있습니다.

이 검사를 하는 이유는 용사들의 상담 관심 유도도 있지만, 군대라는 특수한 환경 안에서 용사들은 사회보다 더 다양한 대인관계를 접하고 있지요. 그 다양성을 수용하자는 의미입니다. 24시간 함께 생활해야 하는 사람들을 보면 학력, 지역, 나이, 성격이 모두 다양하다는 것입니다. 그래서 더 힘든 대인관계를 경험하기도 합니다.

사회에서는 보기 싫은 대상이 있으면 피하거나, 관계를 끊으면 그만이지만, 군대에서는 선·후임 관계에서 보기 싫어도 봐야 하고 심지어 같이 밥을 먹고, 같은 생활관에서 잠을 자야 하는 상황이 펼쳐집니다. 용사들의 표현으로 멘탈 관리를 잘해야 살아남게 됩니다. 따라서 자신의 성격유형에 따른 특징이 있고, 남들과 다른 각자의 고유한 성향이 있다는 것이지요. 후임이 들어왔을 때 미숙하다고 해서 후임의 행동을 조언해서 개선할 수 있도록 도움을 줄 수 있지만, 사람 자체를 바꿀 수는 없습니다. 타인을 온전히 수용해야만 힘들지 않게 생활할 수 있을 것입니다.

성격유형 검사를 간략하게 소개하자면,

MBTI는 네 가지의 분리된 선호 경향(preference)으로 구성되어 있습니다. 상담학 사전에서는 선호 경향(preference)이란, '내가 더 지속적이고 일관성 있게 활용하는 것', '더 자주, 많이 쓰는 것', '선택적으로 더 좋아하는 것', '상대적으로 편하고 쉬운 것', '상대적으로 더 쉽게 끌리는 것'을 의미합니다. Jung의 심리유형론에 따르면, 선호 경향은 교육이나 환경의 영향을 받기 이전에 이미 인간에게 잠재되어있는 선천적 심리 경향을 말하며, 각 개인은 자신의 기질과 성향에 따라 4가지 양극 지표(에너지 방향, 주의 초점/인식 기능, 정보수집/판단 기능/생활양식)에 따라 둘 중 하나의 범주와 16

개 유형 중 하나에 속하게 됩니다. 16개의 유형으로 나뉘니 참 다양하다고 볼 수 있겠지요.

"상담관님, MBTI 하고 싶은데 어떻게 해야 합니까?"

한 용사가 상담실 문을 두드리고, 빼꼼히 얼굴만 내민 채 질문을 합니다.

"인성씨, 이 검사 어떤 이유로 하고 싶을까요?"

"선임이 추천했고, 저에 대해서 알고 싶어서 왔습니다."

자신에 대해 궁금해서 탐색하고 싶다는 용사들, 모두 환영합니다. 꼭 심리적 어려움이 있어서 상담실을 찾는 건 아니니까요. 많은 용사가 부담 없이 상담실을 찾아오길 바라는 마음입니다. 이런 기회로 용사들과 더 친해질 수 있고, 용사들은 이야기를 할 수 있는 공간이 하나 생기는 것이지요.

"상담관님 인싸템을 해주셔서 감사합니다!"

성격유형 검사 해석 상담 후 종결하고 용사와 인사를 하는데 웃음이 났습니다. 그 유명한 인싸템을 제가 해준 거군요! 해석 상담 후 자신의 이야기 같다며 제게 '족집게 같다'라고 말해준 용사도 있습니다.

그 용사는 분대장인데 요즘 왜 본인이 스트레스 상황인지 알게 되었고, 도저히 이해할 수 없는 분대원이 있었는데 그 이유도 이

해될 것 같다고 합니다. 자신과 정 반대 유형이었고, 자신에게 부족했던 기능이 분대원에게는 잘 발달하였던 것입니다. 그래서 어쩌면 분대원의 행동들이 이해되지 않았을 겁니다. 그리고 자신의 강점과 약점을 다시 한번 확인할 수 있어서 신기하다고 했습니다. 그 용사 덕분에 한동안 상담실이 성격유형 검사를 하고 싶어 하는 용사들이 많이 오곤 했습니다.

해석 상담을 하면서 용사들과 박숲 작가의 그림책 『오, 미자!』를 함께 만나보는데요. 5명의 주인공인 미자가 모두 여성 노동자입니다. 건물 청소부, 스턴트우먼, 택배 기사, 전기 기사, 이사 도우미로 각자의 자리에서 땀을 흘리며 열심히 일하고 있습니다.

오, 미자! 다섯 명의 미자이기도, 한 명의 미자이기도 할 것입니다. 사람들은 단지 여성 노동자라는 이유로 색안경을 쓰고 쳐다보고, 잘하는지 보자고 하는 눈으로 바라보고 있습니다. 하지만 다섯 명의 미자들은 당당하게 자신들이 잘할 수 있는 일을 묵묵히 해내고 있습니다.

자신의 강점을 잘 이야기하는 사람들은 사실 많지 않습니다. '저의 장점이요? 제가 뭘 잘하죠? 잘 모르겠는데요.' 내담자들에게 자주 듣는 이야기입니다. 『오, 미자!』에서는 두렵지만 그래도 내가 잘하는, 내가 잘 할 수 있는, 보람과 성취감을 느끼는 '나'를 보여주고 있습니다.

당신의 '미자'는 어떠한가요?

제 미자는요,
'나는 목표가 생기면 두려워도 마주하는 미자입니다.'

┌─ **｜셀프테라피｜** ─────────────────────────────
│ **Q** 당신의 미자는 어떠한가요?
│
│
│
└──

[상담자가 건네는 마음]
성격은 좋고, 나쁨이 없어요. 부족한 부분은 보완하고, 잘하는 부분은
갈고 닦으면 더 단단해질 것입니다.

4. 제가 용사님들 선임입니다

[하늘을 날고 싶은 아기새에게]

신병들이 부대로 전입을 오게 되면 한 달에 한 번 신병 집체교육을 실시합니다. 단 주임원사님께서 인원이 정해지면 저에게 요청해 주십니다. 몸에 힘이 잔뜩 들어가 긴장된 용사들의 얼굴을 마주합니다. 신병들을 보면 제가 처음 병영생활 상담관으로 이직해서 부대에 왔을 때가 떠오릅니다. 그때 신병들을 만나면 저와 같은 마음에 "저도 여러분들과 같이 신병입니다. 많이 힘들지요? 저도 뭐가 뭔지 모르겠고, 모르는 것 투성이네요. 지금 저도 적응하는 중이에요. 우리 함께 잘 해봐요!"라고 말을 건넸습니다. 용사들이 긴장되어 시선을 어디에 두어야 할지 몰라 숙였던 고개를 천천히 들며 눈을 반짝이고, 신기한 듯 저를 쳐다보았습니다. 이제는 그들보다 군에 있는 시간이 오래되었으니 선임이라고 소개합니다. 상담관이 선임이라고 하는 게 재미있는지 살짝 미소를 보여줍니다.

안전지대, 상담실

모든 게 처음인 신병들에게 안전지대인 상담실과 상담관을 소개합니다. 병영생활 전문상담관의 역할은 간부와 용사 사이에서 연결해주는 다리입니다. 민간인으로 용사의 편이 되어 군 생활을 잘 마무리 할 수 있도록 도와주고 있습니다. 부대 내 상담실의 위치를 소개하고, 상담관의 휴대 전화번호는 이미 용사들의 화장실에 붙어 있어 관심이 있는 용사들은 한 번쯤은 봤을 것입니다. 용사들에게 제 이름을 이야기하며 상담관이라고 소개하면 화장실 문을 떠올리며 '아! 봤습니다!'라고 합니다. 그때 신병들은 다시 한번 긴장을 풀며 살짝 미소를 보여줍니다.

용사들에게 심리상담은 뭐라고 생각하는지 물어봅니다. 심리상담은 '자기 내면을 들여다보고, 지금-여기에서의 불편함을 살펴보고, 앞으로의 삶을 유연하게 살아갈 수 있는 마음의 근육을 키우는 시간'입니다.

상담실에서는 개인 상담, 집단상담, 심리검사를 실시합니다. 심리검사는 여러 가지가 있는데 인싸템이라고 요즘 인터넷으로 많이 하는 MBTI 성격유형 검사가 있고, 스트레스 자가검사, 진로 검사(HOLLAND), 기질 검사 및 성격검사(TCI), 우울증 검사 등 다양하게 원하는 검사를 할 수 있어요. 모두 자기 탐색을 위한 검사로 실시 후 해석 상담이 제공됩니다. 상담 신청은 행정보급관, 주임원사, 그 외 간부님께 신청하거나 상담실로 직접 와서 합니다.

용사들과 상담하다 보면 용사들의 스트레스 중 하나가 '실수할까 봐'입니다. 용사들은 스무살이 넘었고, 군대에 왔다고, 성인이 되었다고, 어른이 되었다고 생각합니다. 그래서 실수하면 안 된다고 자신을 억압합니다. 저는 용사들에게 이야기합니다. 실수해도 괜찮다고. 용사들은 후기 청소년이고, 아직 익어가는 중이라고.

간부들도, 그들의 선임들도, 그리고 저도 실수한다고 이야기합니다. 단, 여기에서 중요한 건 똑같은 실수를 하지 않도록 노력하는 자세입니다. 신병들은 이 부분에서 고개를 끄덕입니다.

신병들은 2주의 적응 기간이 있는데, 그동안 군 생활에 대한 많은 정보를 얻게 됩니다. 갑자기 들어오는 정보에 과부하가 되어 반복되는 실수를 할 수도 있습니다. 그때 선임들이 잔소리하게 되지요. 그럴 때 선임들과 간부들께 많이 물어볼 수 있어야 합니다. 본인이 기억력이 좋지 않으면 메모하는 습관이 있으면 유리하겠지요. 메모해 놓은 것을 개인 정비 시간이나 일과 후 반복해서 읽어보면 좋겠습니다. 처음 하는 일이 많다 보니 실수하고, 놓치는 게 당연합니다.

신병들이 스스로 챙겨야 하는 부분들이 뭐가 있을까요? 첫 번째, 건강관리입니다. 이제 부모님이 옆에 계시는 게 아니기 때문에 아프면 간부님께 말씀드리고 병원에 가거나 약을 먹어야 합니다. 제일 막내일 때는 선임들 눈치 보느라 말하기 힘들어하지만, 선임들도 아프면 병원을 갑니다. 그때 남아 있는 용사들이 열심히 업무를 하면 되고, 용사가 자리를 비웠을 때 다른 용사들이 빈자리를 채워주면 됩니다. 둘째, 시간 관리입니다. 막연하게 군대에 오면 시간이 많다고 생각되지만, 생각보다 시간이 빨리 흐른다고 용사들이 말합니다. 관리를 잘 하지 않으면 계획했던 일을 못 하게 되지요. 일병 말호봉 쯤 되면 어느 정도 적응이 되었고, 훈련도 해봤으므로 불안감은 줄어듭니다. 용사들이 계획했던 자격증, 영어, 수능, 편입 공부, 자기 계발을 차근차근 시작하길 바랍니다. 세 번째, 선임, 간부 간 예의 지키는 일입니다. 선, 후임 사이에서 시간이 지나 거리가 가까워지면 말을 놓게 되는데 그럴 때 경계를 잘 지키지 못해 다른 용사들의 눈살을 찌푸리게 만드는 경우가 간혹 발생해 징계받기도 합니다. 또한, 감정조절이 잘 되지 않아 간부님과 다투는 일도 있습니다. 서로 예의를 지키며 자신을 보호하면 좋겠습니다.

신병 집체교육 마지막에 용사들에게 그림책을 읽어주는데요. 피르코 바이니오의 그림책 『하늘을 날고 싶은 아기 새에게』에서 알에서 갓 깨어난 아기 새는 엄마, 아빠처럼 빨리 날고 싶은 마음에 다른 새의 깃털을 주워서 자신의 날개에 달아 보고, 박쥐처럼 거꾸로 매달려보기도 하고, 다양한 방법으로 날기를 시도합니다. 무모해 보이지만 포기하지 않고 계속 시도하는 용기를 칭찬해 주고 싶어요. 아기 새의 엄마, 아빠도 아기 새가 상처받지 않도록 "넘어져도 괜찮아.", "겁먹지 말고 도전해봐."라고 따뜻하게 위로 해주고 있습니다.

넘어지고, 떨어지고, 다시 일어나서 날아가는 아기 새가 우리 용사들의 모습과 같아요. 너무 잘하려고, 실수하지 않으려고 애쓰기보다 자신의 속도대로 믿고 나아가길 바랍니다. 옆에서 응원하는 동료, 간부, 그리고 저도 있으니까요.

군대 생활에서 얻고 싶은 3가지는?

①

②

③

위로, 스트레스 해소가 필요할 때 하는 일

①

②

③

군 생활을 시작한 나에게 하고 싶은 말

①

②

군 생활을 하면서 타인에게 듣고 싶은 말

①

②

5. 스스로에게 잘했다고 칭찬을 많이 해주세요

[불안]

　용사들이 전입을 오면 '신병 집체교육'을 하듯, 전역을 앞두고 '전역병 미래설계 교육'을 진행하고 있습니다. 교육의 목표는 1년 6개월의 군 생활을 돌아보고 삶의 비전을 설계하며 사회에 적응할 수 있는 능력을 갖추는 것입니다. 그리고 민주시민으로서 법과 질서를 준수하고 전역 후 예비군의 역할과 사회적 책임을 완수하여 공동체에 헌신하려는 의지를 갖는 것입니다.

교육은 8시간 진행되고 프로그램을 살펴보면,
1. 입소식 / 마음의 문 열기
2. 군 생활 돌아보기
3. 내 인생의 비전 설정하기
4. 진로 설계와 내 인생의 비전
5. 인생의 목표를 정한 후 진로 로드맵 작성해 보기
6. 민주 시민으로서 나의 비전 검토하기

프로그램에서 저는 첫 번째 '입소식·마음의 문 열기'를 진행합니다. 그 외 교육은 다른 간부들이 진행합니다. 용사들이 제가 진행하는 시간이 제일 재미있다고 피드백해주었을 때 기분이 좋았는데요. 용사들이 긴장을 풀고 편안하게 이야기할 수 있도록 아이스 브레이크 형식으로 진행이 되어서 반응이 좋았던 거 같아요.

제일 먼저 나를 소개하는 시간입니다.

Q. 나를 동물로 표현하면?

나를 색깔로 표현하면?

나를 사물로 표현하면?

내가 힘들 때 위로해 줄 수 있는 것은?

용사들이 고개를 숙여 진지하게 고민하며 작성하는 모습이 보기 좋았습니다. 돌아가며 자기를 소개하고 다른 용사들의 이야기를 들으며 고개를 끄덕여 주며 경청합니다. 이렇게 자신에 대해 생각해 볼 수 있는 시간이 많지 않았고, 이런 질문을 처음 받았다는 피드백이 있었습니다.

그중 사물로 표현한 질문에는 악기(다양한 소리가 난다), 가죽 지갑(오래될수록 좋은 것), 장갑(따뜻하게 감싸줄 수 있는 사람), 핸드폰(꼭 필요한 사람), 칼(날카로운 면과 그렇지 않은 면이 있는 사람)이라고 대답했습니다. 용사들의 다양한 생각을 알 수 있는 시간입니다.

Q. 전역을 앞두고 기분이 어떤가요?
Q. 사회에 나가면 어떤 사람이 되고 싶은가요?
Q. 지금 가장 걱정되는 것은 무엇인가요?
Q. 군대에서 얻은 것이 있다면?

전역일이 짧게는 15일, 길게는 2달 정도 남은 용사들은 '시간이 너무 안 간다, 아직 실감이 안 난다, 설렌다, 전역하고 하고 싶은 일이 많다, 나가서 뭘 해야 할지 모르겠다, 막막하다' 등의 여러 가지 마음들을 이야기합니다. 그때 용사들의 얼굴을 보면 밝은 표정과 어두운 표정, 무표정이 뒤섞여 있습니다. 그리고 사회에 나가면 용사들은 '하고 싶은 일 하며 자기 할 일 잘하는 사람, 지금처럼 생활 습관 유지하는 사람, 건강한 사람, 다른 사람에게 좋은 영향을 끼치는 사람' 등을 이야기합니다. 용사들의 이야기를 듣다 보면 기특한 마음에 전율이 흐를 때가 있습니다.
이렇게 전역을 앞두고 용사들의 마음을 살펴볼 수 있는 질문을 하고 스스로 자신의 언어로 말해보고 생각을 정리할 수 있도록 돕는 시간입니다.

용사들이 전역을 앞두고 불안함과 두려움으로 힘들 거라 생각되는데요. 용사들과 조미자 작가의 그림책 『불안』을 함께 만나봅니다. 우리는 때때로 현재 일어나지 않은 일에 대한 불안감, 두려움이 있습니다. 나를 어지럽게도 하고, 무섭게 하기도 하고, 갑자기 사라지기도 합니다. 그리고 다시 나타나 놀래기도 합니다. 갑자기 여기저기서 나타나 잔뜩 화가 난 아이는 불안을 제대로 만나보기로 하고 끈을 잡아당겨 봅니다. 그런데! 너무 큰 형체가 나타났습니다. 너무 무서워서 꼭꼭 숨어버리기도 하고, 이리저리 도망가다가 지쳤을 때 다시 끈을 잡아당겼더니 아이보다 작아진 불안을 만났습니다. 목욕할 때도, 책을 읽을 때도, 자꾸 졸졸 따라다닙니다. 때론 커지기도 하고, 작아지기도 한 불안이 밉지는 않습니다. 대화를 나누기도 하고, 함께 자전거를 타기도 하고, 텔레비전을 보기도 합니다. 이 정도면 친구가 된 게 아닐까요? 뗄레야 뗄 수 없는 사이가 되었습니다.

우리가 상상으로만 크게 부풀려 놓았던 불안은 막상 전역할 때쯤 되면 아주 작은 마음의 걱정일 수 있습니다. 물론 아무렇지 않은 사람은 없겠지요. 하지만 용사들은 1년 6개월이라는 시간을 원하지 않은 환경에서 큰 탈 없이 잘 지내왔기 때문에 이 경험치가 쌓여 사회에 나가서도 지금처럼 잘 지낼 수 있을 것입니다. 1년 6개월 동안 내면의 힘이 쌓였기 때문입니다.

스스로에게 잘했다고 칭찬을 많이 해주세요.

6. 외로운 섬일지라도

[키오스크]

"선생님, 우리 외로운 섬 같지 않아요? 온종일 마음을 쓰고 나면 닳아서 없어질 거 같아요."

가끔 하루를 마치고 온몸이 녹아내릴 때쯤 사수 상담관께 전화합니다. 대구에 있는 나의 첫 사수 상담관에게 쓴웃음을 지으며 이야기합니다. 너무 지쳐 이야기할 힘조차 없지만 반대로 에너지를 채워야 퇴근할 수 있을 거 같은 날이거든요.

병영생활 전문상담관들은 대부분 혼자 사무실을 쓰면서 대화할 사람이 내담자 외에 거의 없습니다. 우리 부대에는 상담관이 저 혼자입니다. 여럿이 있을 때보다 혼자 있는 게 편하기도 하지만 시간이 지날수록 혼자 웃기도 하고 혼잣말이 늘어나고 있습니다.

아네테 멜레세 작가의 그림책 『키오스크』에서의 올가는 키오스크라는 좁은 공간에서 온종일 신문, 잡지, 음료수, 복권 등을 팔고 있어요. 매일 반복되는 일상이지만 올가는 자신의 환경을 원망하지 않고, 불평하지 않고 충실하게 살아갑니다. 이런 올가의 모습은 우리의 일상 모습과 닮아있어요. 키오스크는 좁지만, 그녀의 손때 묻은 물건들이 있고, 다리를 살짝 올려놓아야 하지만 몸을 눕힐 수 있는 공간입니다. 넓지 않고 꽉 끼는 갑옷처럼 보이지만 올가에게는 따뜻한 안식처로 보입니다. 현실적으로 보면 삶의 공간이기도 하고 그녀만의 우주이기도 하지요. 그렇다고 올가가 불행해 보이지는 않아요.

올가는 열심히 일하고 하루를 마무리하며 가끔 현실을 벗어나고 싶을 때 여행 잡지를 보며 석양이 지는 바다를 보는 올가만의 꿈을 꾸는데요. 잠시 행복한 미소를 짓게 만드는 원동력이 되는 거 같아요.

그런데 어느 날 갑자기 사고로 올가의 세상이 뒤집히면서 꿈이 실현될 기회가 찾아오게 됩니다. 그때 올가는 스스로 키오스크를 움직일 수 있다는 걸 알게 되지요. 신기한 마음에 산책길에 나서고, 그 길에서 또 난관에 부딪혀 강물에 떠밀려 모르는 곳에 도착하지만 황홀한 노을을 만나게 되는데요. 결국 그녀만의 꿈을 꾸며, 그녀만의 시간을 잘 보냈기에 꿈을 이룬 게 아닐까요.

여러분의 키오스크는 무엇인가요?

직장인들은 자신들의 일터, 학생들은 학교, 집에서 작업하는 사람들은 집이, 각자의 생활환경이 키오스크일 수 있습니다. 또는 자신만의 신념, 가치관, 바뀌지 않는 고정관념, 가족, 대인관계가 키오스크일 수도 있습니다. 당신에게 키오스크가 어떤 의미인가요?

저의 키오스크는 좁은 상담실인데 세면대와 책상, 개인 상담용 테이블, 집단상담용 테이블, 서랍장과 텔레비전이 있어요. 올가의 키오스크보다 좀 더 넓을 수 있겠어요.

하루에 9시간 이상을 키오스크에서 보내고 퇴근할 때가 되면 온몸이 흐물흐물 젖은 빨래처럼 축 늘어집니다. 지친 몸을 이끌고 키오스크를 나가면 그렇게 홀가분할 수가 없습니다. 그곳은 제가 꿈을 꾸는 공간이면서도 버티는 공간, 저를 펼쳐서 보여줘야 하는 공간입니다.

지금의 키오스크에서 머무른 지 3년 차가 되었습니다. 이직하고 새로 마주한 키오스크는 군대. 틀이 있고, 나와 관련된 계급이 없을 거라고 생각했지만 부딪혀보니 틀도 없이 수시로 바뀌어서 맞춰야 하며, 또 다른 계급과 관련되어 때론 답답할 때가 있습니다. 코로나19 초반에 전화 상담을 해야 하는 상황에서 상담의 시스템을 이해 못 해 흡연장이나 벤치에 용사를 대기시켰을 때는 도대체 상담에 대해서 어떻게 생각하고 있나, 수다를 떠는 시간으로 생각하는가, 나라는 사람이 통째로 무시되는 건가, 웃지 못할 에피소드가 많았습니다. 그들을 이해시키는 과정이 필요했습니다. 이제는 출장 가는 부대와 근무하고 있는 부대에서 저의 필요성, 즉 상담관의 필요성에 대해 중요하게 생각하고 인정받고 있습니다.

친정엄마가 늘 하시는 말씀이 있습니다.
"어딜 가든 네가 하기 나름이야. 네가 잘하면 그 사람들도 잘할 것이고, 네가 못하면 너한테 잘 못 할 거야. 그러니까 열심히 하면 다 알아줄 거야."
누구나 다 아는 진리지만 새기고 또 새기고 있습니다. 3년 동안 없는 틀을 만들고, 올가의 손님들처럼 루틴을 만들기 위해 알려주고 이해시키고, 정보를 전하는 일을 반복했습니다. 이제 서로의 영역을 지켜주고 존중해 주며 업무를 하고 있습니다.

저는 저의 키오스크 안에서 또 다른 꿈을 꾸고 있습니다. 마음이 아픈 사람들을 더 많이 만나 저의 선한 영향력을 더 많이 나누고, 저도 그들에게 배우고 싶습니다. 또 다른 키오스크를 꿈꾸며.
비록 우리 앞에 놓인 현실, 즉 키오스크는 아주 좁고, 허름할 수 있지만 그렇다고 우리는 두 손 놓고 좌절할 필요는 없습니다. 지금 내게 주어진 환경 안에서 '어떻게 하면 잘 살 수 있을까?'를 고민하는 것이 더 빠른 선택일 수 있습니다.

┌─ **ㅣ셀프테라피ㅣ** ─────────────────

Q 나에게 키오스크는 무엇인가요?
    키오스크를 어떻게 마주하고 있나요?

└───────────────────────────

[상담자가 건네는 마음]
누군가가 아닌 자신을 위해 꿈을 꾸길 바랍니다.

2부.

용사의 마음 읽기

1. 불안을 잠재우기 위해 준비를 많이 합니다

[파란 모자]

오늘도 용사는 상담실에 들어오자마자 볼펜을 집어 들고 만지작만지작합니다. 눈은 저를 보고 있지만, 마음은 아직 불편하니 무언가에 의지하고 싶을 거 같습니다. 생각해보니 상담 3회기쯤부터는 손을 편안하게 책상 위에 올리기도 하고 자연스럽게 내려놓게 되었습니다.

용사는 상담 초반에 신병 위로 휴가를 나가야 하는데 기분이 좋기도 하고, 걱정되는 부분도 있어서 불안하다고 합니다. 휴가 나가서 간부님께 전화가 왔을 때 보고를 제대로 잘 할 수 있는지, 나가서 모든 것이 괜찮을지 모르겠다는 불안감이 그를 감싸고 있습니다.

이처럼 아직 벌어지지 않은 일들에 어떤 상황이 다가온다고 생각될 때 생기는 불안을 예기불안이라고 합니다. 우리 주변에 예기불안으로 괴로워하는 사람들이 많이 있습니다. 훈련을 앞두고 실수를 하게 되면 '큰일이 나면 어떡하지, 실수하면 안 되는데….', '다른 사람이 나를 이상하게 보겠지. 나를 보고 수군거리겠지.'라는 생각들을 하게 됩니다.

"불안해서 좋은 점이 뭐가 있을까요?"

내담자가 그게 무슨 말이냐는 표정으로 저를 쳐다봅니다.

"불안해서 다른 사람들보다 더 열심히 하는 게 있을까요?"

"늘 불안해서 무언가 정해지면 준비하고 또 하고 또 합니다. 그래도 불안합니다."

"그래서 지금까지 큰 실수를 했던 적이 있을까요?"

"음…. 아니요. 크게 없는 거 같습니다. 상담관님 말씀 듣고 생각해보니 그래도 잘 지나온 거 같습니다."

저는 자신에 대해 무가치함, 선임들에게 안 좋은 소리를 들었을 때 자신을 자책하고 비난하고 자살 생각까지 하게 되었던 용사의 강점을 찾았습니다. 준비성은 예기불안이 높은 사람들의 강점으로 볼 수 있습니다. 불안하니 실수할까 봐, 빠뜨릴까 봐 준비하고 또 하게 됩니다. 예를 들면 휴가를 나가기 며칠 전부터 짐을 싸면서 확인을 여러 번 해야 안심할 수 있다고 합니다. 그리고 일이 끝날 때까지 가슴을 졸이지만 그 일은 잘 흘러간다는 것을 내담자가 인식할 수 있도록 안내해주었습니다.

그 내담자는 지금까지 큰 실수 없이 살아왔기 때문에 앞으로도 잘 해낼 수 있을 거라는 것을 자신도 인정할 수 있도록 알려주었습니다. 그 믿음이 내담자의 마음에 장착이 되려면 시간이 걸리겠지요. 하지만 불편하게 여겨졌던 자신의 어려움이 강점으로 전환되는 경험이 되었으리라 생각합니다.

생각의 전환은 또 다른 기회를 만들어줍니다.

조우영 작가의 그림책 『파란 모자』에서 파란 모자는 울퉁불퉁한 자기 모습이 보기 싫어 파란 모자를 푹 뒤집어쓰고 다닙니다. 여기저기 부딪히니 사람들이 파란 모자를 피하기 시작했습니다. 파란 모자도 사람들을 피해 숲속으로 가서 모자를 벗고 바람을 쐬기도 하고 풀 향기를 맡으며 잠시 휴식을 취하기도 합니다. 자신만의 시간을 보내는 동안 모자 아래로 보이는 개미, 꽃들이 위로됩니다. 혼자 있을 때 가장 좋은 점은 나를 쳐다보는 사람들이 없다는 것입니다. 그리고 모자를 벗고 바람을 느끼고, 풀 향기도 맡을 수 있습니다.

언제부턴가 몸이 커지니 모자가 작아져서 벗기가 힘들어지고 발아래 풍경도 잘 보이지 않습니다. 더 큰 모자를 주문하러 갔을 때 사람들 앞에서 모자가 터져버렸습니다. 그런데 사람들은 피하거나 놀라지 않고 오히려 파란 모자를 걱정해주었습니다. 이제는 더 큰 모자를 구할 수 없게 되었고, 작은 모자를 써야만 했습니다.

두려운 마음으로 작은 모자를 사서 쓰고 다녔지만, 변함없이 사람들은 파란 모자라고 부릅니다.

어색했지만 작은 모자를 쓰니 사람들의 이야기도 잘 들리고, 바람도 느껴집니다.

큰 모자를 써도, 작은 모자를 써도 파란 모자는 파란 모자입니다.

자기 모습이 만족스럽지 못해 자신감이 부족한 친구들, 사소한 일에 대해 걱정이 많은 친구들은 대인관계에서 늘 두려움을 마주해야 합니다. '내가 소중하지 않다. 죽고 싶지만 죽을 용기가 없다.'라는 자신에 대한 부정적인 생각들은 꼬리에 꼬리를 물고 자신을 괴롭히게 됩니다. 하지만 실제로 걱정했던 그 상황을 마주하면 불안과 두려움으로 부풀어진 풍선은 자신이 온 힘을 다해 불어넣은 바람이라는 것을 알게 됩니다. 생각보다 괜찮다는 것을 알게 될 것입니다.

현재 용사는 자신에게 맞는 보직을 성실하게 수행하며 어느새 상병이 되었습니다. 이제는 예기불안도 자연스럽게 받아들이고 있고, 자살에 관한 생각도 가라앉았습니다. 얼마 전 훈련에서 모범 용사가 되어 포상 휴가를 받게 되었다고 자랑했습니다. 또한,

생활관 용사들과 편하게 대인관계를 하고 있고, 후임에게는 좀 더 괜찮은 선임이 되기 위해 노력하고 있습니다.

저와 함께 손잡고 호흡하며, 포기하지 않고 노력해온 용사의 마음에 박수를 보냅니다. 비록 힘든 시기에 원하지 않는 곳에 있을지라도 지금 자기 모습으로 충분하다는 것을 꼭 기억해주길 바랍니다.

ㅣ셀프테라피ㅣ

Q 내가 만든 두려움은 무엇인가요?

Q 스스로 무가치하다고 느끼고 있을 때 어떻게 해야 할까요?
– 지금 나한테 소중한 거 찾아보기

[상담자가 건네는 마음]

자신이 아는 사람 중 당신이 최고라는 걸 잊지 마세요.

2. 저를 건들지 마세요

[구덩이]

"시간이 날 때마다 15분씩이라도 독서하고 있습니다. 그때는 아무도 제게 말을 걸지 않습니다."

한 달에 한 번 만나는 용사의 얼굴을 보니 전보다 안정감이 느껴집니다. 용사는 전입해 오고 시간이 좀 지났는데 여전히 막내로 있고, 후임이 아직도 들어오지 않는 게 화가 나고, 자신보다나이가 어린 선임들이 많다는 것도 숨이 막힙니다. 매일 똑같은일상과 제한된 환경에서 1년 6개월을 보내야 한다는 부분에서 자살 생각이 수시로 들고, 고등학교 때부터 우울감이 있었습니다.

혹시 군 생활이 너무 힘이 들면 조기 전역 방법이 있다고 정보를 안내했지만 군 생활에 부정적이며 현역 부적합심사로 조기 전역은 하고 싶지 않아 했습니다. 만기 전역을 목표로 하고 있었습니다. 그래도 다행이라는 생각이 들었습니다. 포기하지 않는 용기를 응원하고 싶습니다.

"만기 전역을 원하고 있는데 변하지 않는 환경에서 버티려면 어떻게 해야 할까요? 지금 하는 노력이 뭐가 있을까요?"

용사는 질문을 듣고 눈을 이리저리 움직이고 잠시 생각에 빠졌습니다.

"아침, 저녁으로 15분씩 독서를 하며 잠시라도 혼자만의 시간을 보내고 있습니다. 그 시간을 보내면 하루가 잘 지나갑니다. 그리고 중요한 것은 아무도 제게 말을 걸지 않습니다. 사실 그게 제가 가장 원하는 부분입니다."

처음에는 적응하는데 우려가 되었던 용사입니다. 책을 좋아하는 용사는 자신만의 루틴을 만들어 자신을 보호하고 있었습니다. 간혹 훈련이나 근무로 독서를 못 하게 되면 불편한 감정이 올라오기 때문입니다. 자신만의 시간을 만들었다고 했을 때 반가웠습니다.

용사와 다니카와 슌타로 글, 와다 마코토 그림의 그림책 『구덩이』를 함께 만나보았습니다. 주인공 히로는 일요일 아침 구덩이를 파기 시작합니다. 가족들과 친구가 와서 구덩이를 왜 파는지 이유를 물어봐도 마땅히 뚜렷한 대답이 없습니다. 땀을 흘리며 자기 몸이 들어갈 만큼의 구덩이를 파고 편안하게 앉아서 숨을 고르며 하늘을 쳐다봅니다.

히로는 구덩이 안에서 무슨 생각을 했을까요? 히로가 구덩이를 '이건 내 구덩이야.'라고 하는 히로의 말로 모두 설명이 됩니다. 내 구덩이니까 아무도 건들지 말았으면 좋겠고, 다른 사람은 들어올 수 없고, 구덩이로 무엇을 할지도 히로가 결정합니다.

용사도 자신과 대화하는 시간을 위해 '나만의 구덩이'를 만들었습니다.

내향성이 높은 사람들은 혼자 있는 시간이 간절하고, 그 안에서 자신에게 집중하며 에너지를 채우며 돌봐야 합니다. 이 용사 또한 내향성이 높고, 주변 시선에 예민하고 섬세하게 반응하는 성향이 있습니다. 실수했을 때 타인들이 자신에 대해 좋지 않게 생각할까 봐 두렵습니다.

이처럼 자기만의 공간은 소진된 에너지를 채울 수 있는 공간, 마음이 다친 나를 위로해 줄 수 있는 공간, 쉼이 필요한 자신에게 휴식을 주는 공간이 되고 나와 대화하는 공간입니다.

잠시 멈춰서서, '나와 대화하는 시간'을 가져보세요.

Q 나만의 구덩이를 그리고, 구덩이에서 바라본 하늘의 모습은
어떤가요? (A4용지에 나만의 구덩이를 그려보세요.)

Q 구덩이의 용도는?
 – 나만의 공간, 휴식 공간

[상담자가 건네는 마음]
바쁜 일상 속에서 '나만의 구덩이'를 만들어 '나만의 시간'을 보내주세요.

3. 뭘 해야 할지 모를 때 그냥 서 있다가 혼났습니다

[돌 씹어 먹는 아이]

"뭘 해야 할지 모를 때 그냥 서 있다가 혼났습니다."

용사는 오늘도 상담실에 들어오자마자 커피포트 물이 끓기를 기다리며, 책상 위의 과자를 하나, 둘씩 쉬지 않고 먹으며 상담이 시작되기를 기다립니다. 용사는 초콜릿이 덮인 과자를 좋아합니다.

이 용사는 다른 용사들에 비해 행동이 느리고, 대화할 때 대답도 느려서 조금 더 기다려야 합니다. 또한, 발음이 정확하지 않고, 한 문장을 말할 때도 시간이 오래 걸리고, 목소리가 작아 몸을 앞으로 더 숙여 귀를 기울여야 들을 수 있습니다.

상담 초기에는 상담실 문을 노크 없이 벌컥벌컥 열고 들어오거나 상담 후 인사를 하지 않고 가는 행동에 당황스러웠습니다. 간부님들 사무실에 들어갔을 때도 같은 행동을 하면 곤란할 수 있어서 몇 회기를 관찰하다가 조심스럽게 말을 했습니다. 그 이후 노크하고, 들어와도 되는지 문 앞에서 이야기하고 들어오고, 상담이 끝나면 인사를 하고 돌아갑니다.

상담이 끝나면 에너지가 많이 소진되긴 하지만 용사의 속도로 한 걸음씩 나가는 모습이 기특하게 느껴질 때가 있습니다. 아직도 혼자 다닐 때가 더 많지만, 때론 다른 용사들과 PX에서 나오는 모습을 볼 때 제 기분이 좋아집니다. 이제 상병이 되니 시간의 흐름에 따라 어느 정도 적응이 된 듯합니다.

"생활관이나 업무를 할 때 조금 편해진 용사가 있을까요?"

용사가 혼자 다니는 모습을 자주 봐서 다른 용사들과 어떻게 지내고 있는지 궁금했습니다. 요즘 세대들을 보면 개인주의 성향이 강해 타인에게 관심을 두거나 함께하는 일이 없어 보입니다. 군대는 단체생활이므로 '함께'라는 개념이 필요해서 친해진 용사가 있는지, 쉬는 시간에 용사들과 운동이나 함께 보내는 시간이 있는지, 용사들에게 자주 질문을 하게 됩니다.

선임 이름을 이야기하며 모르는 거 물어보면 잘 대답해주고, 조금은 편하다고 합니다. 다행이라는 생각을 했습니다. 용사가 자주 하는 말은 자신의 성격이 고민이고, 다른 용사들과 잘 지내고 싶은데 어렵다고 합니다. 혼자 있는 건 싫고, 다른 사람들에게 관심은 크게 없지만, 관계는 맺어보고 싶다고 합니다.

"다른 사람들과 관계 맺기 위해 어떤 노력을 하고 있을까요?"

"음…. 전에 상담관님이 말씀하신 대로…. 서-선임이 PX 갈 때 같이 저도 가자고 말을 하고, (침묵) 사람들과 모여있을 때…. 가끔 이해가 안 될 때가 있어도 다른 사람이 웃으면 따라 웃으려고 합니다."

"그렇게 하고 나면 동호씨 마음이 어떠세요?"

"그래도 조금은 가까워진 거 같습니다. 하지만 잘하고 있는지 모르겠습니다."

이 용사는 자신이 다른 용사들과 다른 점이 있는 건지, 자신만 잘 지내고 있지 않다고, 더 나아지는 게 없다고 생각하고 있습니다. 그러나 용사는 현재 자신이 할 수 있는 범위 안에서 조금씩 나아가고 있습니다.

용사와 송미경 글, 세르주 블로크 그림의 그림책 『돌 씹어 먹는 아이』를 함께 만나보았습니다. 주인공은 돌을 먹을 때 기분이 좋고, 다양한 돌을 마주하며 좋아합니다. 하지만 가까운 가족에게 도 차마 말을 할 수가 없습니다. 가족들이 알게 되면 실망할까 봐 혼자 여행을 떠나기로 합니다. 우연히 가게 된 돌산에서 자신과 비슷한 상황의 아이들을 만나 편한 마음으로 돌을 씹어 먹었습니다. 그러나 얼마 되지 않아 계속 이렇게 돌을 먹어도 되는지 고민하는 아이에게 수염이 하얀 할아버지는 '지금의 모습도 괜찮다'라는 의미로 따뜻한 말을 해주었습니다.

아이가 용기를 내어 집으로 돌아가서 "나는 돌 씹어 먹는 아이예요."라고 솔직하게 이야기하니 흙 퍼먹는 아빠, 녹슨 못과 볼트를 먹는 엄마, 지우개 먹는 누나의 그동안 숨겨왔던 이야기를 들었습니다. 가족이 한바탕 울고 나니 가족 간의 거리가 더 가까워지고, 점점 더 마음이 편해진 것을 느꼈습니다.

돌을 씹어 먹는다고 해서, 흙을 퍼먹는다고 해서, 녹슨 못과 볼트를 먹는다고 해서, 지우개를 먹는다고 해서 자신의 고유한 모습과 가족이라는 것은 변하지 않습니다. 또한, 내 모습이 불만족스럽다고 해서 누군가의 모습으로 살아갈 수는 없습니다.

이 용사는 눈치가 없고, 행동이 느려서 주변 동료들에게 피해를 줄 수 있습니다. 우리는 완전하지 않은 존재로 누구에게나 부족한 기능은 있으니까요. 그렇다고 주변에서 질책하거나 행동을 수정하도록 강요할 수 없습니다. 간혹 후임이 들어오면 적응의 시간이 필요한데 선임은 기다려주지 못하고 자신의 기준으로 바라보는 경우가 있습니다. 타인을 보며 그런 마음이 생길 때 자기 자신의 모습도 살펴봐야 합니다.

분명한 것은 포기하지 않고 그 용사를 기다렸을 때 천천히 자기만의 속도로 따라오고 있는 것을 발견하게 됩니다.

용사는 이제 곧 전역을 앞두고 있습니다. 1년 6개월 동안 고군분투하며 자기만의 속도대로 노력해 온 이 용사에게 자신을 스스로 잘 지켜왔다고 말해주고 싶습니다. 저 또한 이 용사를 1년의 세월 동안 만나며 더 폭넓게 사람을 이해하는 시간이었습니다. 용사가 나중에 기억하지 못할 수 있겠지만 자신의 이야기를 진심으로 들어주었던 한 사람이 있었다고 상담관으로서 기억해주길 바라는 마음입니다.

| 셀프테라피 |

Q 나는 어떤 특별함을 갖고 있나요? (강점 또는 약점)

Q 나의 특별함이 나의 삶에 어떤 영향을 끼치고 있나요?

[상담자가 건네는 마음]

- 우리는 모두 하나의 인격체로서 소중하고 가치 있는 존재입니다.
- 남들과 조금 다르다고 이상한 게 아니라 다른 능력을 갖추고 있다고 생각해 주세요. 나의 속도대로 잘 가고 있고, 잘 자라고 있다는 걸 잊지 말아 주세요.

4. 생각이 많아 늘 두통에 시달립니다

[양통의 완벽한 수박밭]

"재호씨, 요즘 두통은 좀 어때요?"
"매일매일 똑같습니다. 머리가 너무 아픕니다."

만성 두통인데도 용사는 약을 따로 먹고 있지 않습니다. 저는 상담할 때마다 체크를 하게 됩니다. 얼마나 아픈지, 어떨 때 아픈지, 약은 먹었는지. 두통이 너무 심하면 약을 먹어 가라앉히는 방법도 있는데 스스로 약에 의존하고 싶지 않다며 약을 먹고 있지 않습니다. 때론 고통을 즐기는 듯 보이기도 합니다. 용사를 바라보면 안타까운 마음입니다.

타인의 시선에 예민하고, 섬세하게 받아들이는 성향으로 하루 종일 머릿속은 여러 가지 생각으로 가득 차 있습니다. 업무 중에도 다른 용사들이나 간부님들이 어떤 질문을 할지 먼저 예상해서 대답을 준비해 놓아야 편하다고 합니다. 하지만 자신은 너무 피곤하고 힘이 듭니다. 이와 비슷한 용사들을 보며 표현하는 말이 있습니다. 온몸에 전구가 붙어 있다면 작은 자극에도 전구의 불이 모두 켜지는지 물어보면 내담자들은 모두 고개를 끄덕입니다. 타인의 시선, 말, 행동에 모두 반응한다는 것입니다. 그러다 보니 대인관계가 어렵고 불편합니다. 밤이 되면 온몸의 힘이 빠지고, 신경을 너무 쓰다 보니 두통에 시달립니다.

스스로 항상 부족하다고 느끼고, 완벽주의 성향 때문에 본인의 능력을 인정하지 않습니다. 자기가 정해 놓은 이상과 현실의 차이가 너무 크다 보니 잘하고 있는 부분을 전혀 알아주지 않습니다. 지속해서 자신은 못 하는 사람, 부족한 사람, 실수하는 사람으로 만들어가고 있습니다. 과연 그럴까요? 다른 용사들에 비해 행정업무도 잘하고 있고, 드럼을 잘 쳐서 동료 용사가 칭찬했는데도 만족스럽지 못하다고 합니다. '지금 보다 더 잘해야 한다. 오디션 나갈 실력이 돼야 한다.' 이런 비합리적 신념은 자신을 더욱 무기력하게 만들 수 있습니다.

용사와 코린 로브라 비탈리 글, 마이옹 뒤발 그림의 그림책 『앙통의 완벽한 수박밭』을 만나보았습니다. 한 줄씩 반듯하게 줄세워 놓은 수박밭에서 어느 날 수박 한 개를 도둑맞았습니다. 앙통의 마음은 널브러진 수박밭의 모습과 같지 않을까요? 축 늘어진 어깨를 양손으로 들어 올려 주고 싶습니다. 저 어깨 위에는 허망함, 상실감, 허탈감이 얹혀 있습니다. 사랑과 정성을 쏟았던 존재를 도둑맞아 버렸습니다.

앙통은 하나가 사라졌는데 절반이 사라진 것처럼 속상해하고 있습니다. 부분이 전체가 되어버리는 비합리적 사고를 하고 있습니다. 비합리적 사고로 인해 우리의 감정은 춤을 추게 됩니다. '잘해야 해. 완벽해야 해.' 잘되지 않을 때 자신에게로 부정적인 화살을 쏘게 되고, 주저앉게 되는 상황이 만들어집니다.

난장판을 만들어 놓은 고양이들의 춤추는 모습이 앙통의 마음과 같습니다. 잔잔한 마음의 파도를 휘저어 놓고 있습니다. 반면 자유롭고 흥겨워 보이기도 합니다.

한바탕 좋지 않은 일들이 휘몰아치면 때론 '어쩔 수 없지 뭐. 이제 지나갔잖아. 되돌릴 수 없잖아.'라는 긍정적인 생각의 전환이 필요합니다. 이는 내면에 쌓아 왔던 회복탄력성*으로 다시 나아갈 힘을 장착합니다.

용사는 앙통을 보며 완벽주의에 집착하고, 결정 하나에 집착해서 매몰되어 있는 자신의 모습을 발견했다고 합니다. 용사와 완벽주의 성향의 강점과 약점에 대해 찾아보았습니다. 완벽주의의 강점은 손해를 예방할 수 있고, 이득을 얻을 수 있고, 완벽주의의 약점은 편하게 살아야 하는데 편히 살지 못하는 것이라고 합니

---

* 회복탄력성은 스트레스나 역경에 적극적으로 대처하고 시련을 견뎌 낼 수 있는 능력으로 스트레스 상황을 겪은 후에 이전의 상태로 되돌아갈 수 있는 능력입니다. (출처 : 상담학사전)

다. 마음이 편하지 않다고 합니다.

완벽주의 성향에 비합리적 신념을 가진 내담자들은 사고의 유연성과 합리적 신념으로 바꾸기 위한 시간이 매우 필요합니다.

요즘 용사가 노력하고 있는 부분이 있습니다. 긍정적으로 생각하려고 하고, 의도적으로 활발하게 하고 있습니다. 대화 장면에서 사실 단답형이 편한데 길게 하려고 하고 농담도 하니 동료들이 '너와 있으니까 시간이 빨리 갔다.'라고 해서 기분이 좋았다고 합니다. 그리고 간부님들과 용사 간 의사소통도 전보다 편해졌다고 합니다. 이 상황은 반복될 것입니다. 그것을 여러 번 마주하고 나면 좀 더 유연해진 자신을 발견할 수 있을 것입니다.

Q 최근 나의 마음 상태는 어떠한가요? 그 마음을 어떻게
마주하고 있나요?

Q 나의 삶에서 내가 정한 규칙은 무엇이 있나요?

[상담자가 건네는 마음]

삶의 파도는 오늘도, 내일도 오르고 내리고 반복할 것입니다.

5. 저에게 애정이 없어요

[나 꽃으로 태어났어]

"상훈씨, 어떻게 지냈을까요?"
용사는 희미하게 웃으며,
"늘 똑같습니다. 괜찮지 않은데 괜찮은 척하고 있습니다."

용사는 6회기를 만나는 동안 한 번도 괜찮다, 잘 지냈다고 말한 적이 없습니다. 걱정이 되기도 하지만 어쩌면 저와 만나는 시간이라도 솔직하게 이야기할 수 있어서 다행이라고 생각이 되었습니다.

전입해 오고 군 생활이 힘들다고 호소하고 있지만 늘 모든 일에 최선을 다해서 열심히 하고 있습니다. 예를 들면 특급전사를 따고, 업무에서도 잘한다고 주변에서 칭찬을 듣고 있고, 훈련도 열심히 하고 있습니다. 아이러니하지요? 용사는 성향상 주변 시선에 신경을 많이 쓰고, 힘들고 아파도 괜찮은 척해야 합니다. 현재 허리디스크가 오래전부터 있어서 고생하고 있는데도 최근 훈련에서도 행군까지 했다고 합니다. 할 때는 괜찮았는데 하고 나니 통증이 생겼다고 합니다. 허리디스크는 가벼운 증상이 아닌데 자기 몸을 챙기지 않는 내담자가 걱정되었습니다.

"상훈씨 허리 때문에 많이 힘들 거 같은데 왜 스스로 몸을 챙기지 않을까요? 선임 기욱씨도 걱정 많이 하던데요. 저도 걱정돼서 대대장님께 상훈씨 잘 지내는지 물어봤어요."
"요즘은 제 몸에 대한 애정이 없습니다. 저를 사랑하지 않습니다. 요즘 더 우울하고 힘들어졌습니다."

요즘 코로나19로 인해 휴가를 제때 나가지 못하기도 하고, 후방 쪽은 용사들이 줄어들고 간부들이 증가하는 추세입니다. 그러다 보니 용사들이 휴가를 가고 나면 빈 공백을 잔류하는 용사들이 나누어서 업무를 해야 하는 상황인데 개인적인 일로 빠지기를 부담스러워하고 있습니다. 특히, 타인의 시선에 예민한 용사들은 몸이 아파도 병원에 간다고 하지 못하거나, 열외를 한다고 말하지 못하고 업무를 다 하게 되지요. 심지어 저와 상담하는 것도 눈치 보여서 거부하는 용사들도 있습니다. 그 마음이 이해되지만, 상담이나 병원에 가는 것은 용사의 권리이니 꼭 챙겨야 한다고 이야기하고 있습니다. 안타까운 일이지요.

늘 무기력을 호소하고 죽지 못해 산다는 용사가 무엇을 하면 에너지가 생길지 생각해보았습니다. 용사는 심리학 관련 책을 자주 읽고, 저에게 책 내용을 이야기합니다. 그리고 사람을 만나서 대화하는 것을 좋아합니다. 그래서 블로그를 만들어 글을 써보라고 권했습니다. 자신도 자기 계발, 미래 스펙을 위해, 유의미하게 쓰고 싶다고 했습니다. 머릿속의 생각들을 글로 옮기는 작업을 하다 보면 '또 다른 나'를 만나게 됩니다. 현재 감정과 생각을 마주하며 자신이 힘든 부분이 뭔지 한 발자국 떨어져 객관적으로 볼 수 있습니다. 그러다 보면 복잡한 실타래가 조금씩 풀어지는 경험이 될 거라 생각됩니다.

제가 걱정하는 게 전해졌는지,

"상담관님 말씀대로 블로그를 시작했고, 글을 하나 써서 올렸습니다. 오랜 시간 동안 하나를 쓰면서 저의 진로에 대해서도 좀 더 고민하게 되었습니다."

힘이 없지만 단호하게 말을 했습니다. 그래도 다행이지요?

용사와 엠마 줄리아니 작가의 그림책 『나, 꽃으로 태어났어』를 만나보았습니다. 이 그림책은 병풍책으로 구성되어 있어 펼쳐 놓으면 전시의 효과도 있습니다.

한 송이 꽃으로 태어나 따스한 햇볕을 받고 따뜻한 기운을 나누며 살아갑니다. 그리고 혼자가 아닌 다른 여러 꽃과 어우러지자 더 밝게 빛이 납니다. 꽃을 전하면서 사람들을 가깝게 이어 주기도 하고, 사랑을 전해주기도 합니다. 세상과 나누는 마지막 인사에도 함께 합니다. 가녀리고 연약하지만, 세상을 아름답게 이겨내는 꽃입니다.

우리도 한 송이 꽃으로 볼 수 있습니다. 비록 스스로 볼품없다고 여길지라도 가치가 있는 꽃입니다. 자신의 노력과 능력을 가치 없다고 여기지 말아 주세요. 내가 나를 가치 있게 봐주고, 소중히 여겨야 빛이 날 것이고, 타인들이 나를 소중히 여길 것입니다.

│셀프테라피│

Q 당신은 어떤 꽃인가요? 세상과 어떻게 마주하고 있나요?

[상담자가 건네는 마음]

자기 생각과 감정을 알아차리며, 힘이 들면 주위를 한번 돌아보세요.
분명 누군가는 따뜻한 손을 내밀어줄 거예요.

6. 20년간 혼자 겉도는 거 같습니다

[천천히 천천히]

"선임들의 뒷담으로 소외감을 느꼈습니다. 20년간 혼자 겉도는 거 같습니다. 저에게 해결책이 필요합니다. 저는 어떻게 해야 합니까?"

4개월 만에 만난 용사는 상담실에 와서 안절부절못하는 듯합니다. 사회에서도 감정 기복이 심했던 용사는 앉자마자 다른 용사들에게 서운했던 감정을 보따리 풀 듯이 풀어놓습니다. 그 걱정과는 달리 전보다 얼굴이 좋아 보이고, 몸도 튼튼해 보이는 느낌이었습니다. 전입해 온 지 4개월이 지났으니 어느 정도 적응이 되었을 거라 여겨집니다. 지난 회기보다 좋아 보인다는 제 말에 살짝 미소를 보이고, 겨울용 전투복을 입어서 몸이 좋아 보일 수 있다고 부끄러운 듯 말을 돌립니다.

이 용사는 업무 시간에 상담하는 것에 대해 불편하게 여기고, 주변 용사들의 눈치가 보인다며 1회기 상담 후 더 만나지 못하다가 스스로 상담 신청해서 급하게 상담을 진행하게 되었습니다.

 쏟아내듯 많은 말을 하고 커피를 마시는 용사에게

 "호민씨, 최근 어떤 감정을 자주 느꼈을까요?"

 "외로움이요. 제가 눈치가 없는 걸까요? 제가 이기적인가요? 제가 급했을까요? 지금까지 혼자 겉돌며 살아왔는데 군대 와서도 똑같습니다. 처음 휴가 나가서 사람들이 곁에 있다는 게 소중하다고 생각했는데 제 곁에 사람이 없습니다. 저는 상담관님과 대화하는 것도 좋지만 이런 이야기는 동료들과 하고 싶습니다. 그런데 저를 뒷담화하는 선임들과 이야기할 수가 없습니다. 눈물이 납니다."

 용사는 학창 시절부터 대인관계의 어려움을 겪어왔고, 군대 와서 잘하고 싶지만, 자신과 다른 관심사를 가진 용사들과는 여전히 섞이기 어렵습니다. 잘해야겠다는 열정만으로 타인을 배려하지 않은 방법으로는 상대가 당황할 수 있습니다. 어떤 일이든지 시간이 필요합니다.

 용사는 자신이 동료들에게 100중 70의 마음을 주었는데 돌아오는 건 20 정도라고 합니다. 70을 주고 70을 다 받으면 참 좋겠지만 상대에게 그것을 바라는 건 대가를 위한 관계일 뿐이지요.

모든 일이 내 마음과 같지 않다는 것을 깨닫는 데는 시간이 필요해요. 또한, 상대에게 잘해 주고 그 대가가 당연하다고 생각하는 사고는 우리의 마음을 더욱 힘들게 합니다. 그 기준을 조금만 낮춘다면 대인관계에 몰입하는 일도, 상처받는 일도 줄어들 것입니다. 또한 나를 위한 일이 뭐가 있는지 주변 다른 것에 시선을 돌릴 여유가 생길 것입니다.

용사에게 케이트도피락 글, 크리스토퍼 실라스 닐 그림의 그림책 『천천히 천천히』를 소개해 주었습니다. 아이는 학교에 갈 때도, 학교에서 집으로 올 때도, 숙제할 때도 허둥지둥거리며 '빨리 빨리'를 외치며 살아갑니다. 마음의 여유가 없이 무언가에 쫓기듯 달려가는 듯합니다. 그때 어디선가 '멈춰!'의 소리가 들려옵니다. 아이에게 천천히, 천천히 해도 괜찮다고 속삭입니다. 주위를 둘러보고, '흐-으-읍, 후-우-우' 호흡하며 잠시 쉬어갑니다. 강아지와 산책을 하고, 새들의 이야기도 듣고, 낯선 곳을 탐험합니다. 좀 더 여유로워진 아이가 보입니다.

그림책을 함께 읽고 용사에게,
"호민씨의 상황에서 대인관계를 할 때 중요한 게 무엇일까요?"
"지금은 속도가 중요한 거 같습니다. 제 마음이 급하다고, 그들과 친해지고 싶다고 급하게 다가가면 불편할 거 같습니다. 그리고 거짓된 나를 보여주지 않는 거라고 생각합니다."

타인에게 나를 보여주는 일은 시간이 필요합니다. 조금씩, 천천히 다가가고, 그 방법이 맞지 않으면 다시 돌아와 다른 방법으로 다가갑니다. 여러 번 반복하다 보면 그들과 맞는 접점이 생길 거라 생각합니다. 그리고 다수가 아니어도 누군가는 당신의 마음을 알아줄 사람이 있습니다.

천천히, 천천히 가다 보면 그동안의 불편했던 관계 패턴에 변화가 생길 것입니다. 포기하지 말고 함께 손잡고 가볼까요!

┌─ **| 셀프테라피 |** ─────────────────────

Q 당신은 일과 관계에서 어떤 속도로 나아가고 있나요?

Q 쉼표를 찍는 시간(휴식 시간)에 나는 무엇을 하나요?

└──────────────────────────────────

[상담자가 건네는 마음]

마음이 앞서 나만의 속도로 상대에게 다가가는 경우가 있습니다.
관계는 혼자서는 할 수 없습니다. 타인과 상호작용이 일어나야 합니다.
타인의 반응도 살펴보고, 우리가 할 수 있는 범위 안에서 나를 지키며
하나씩 나를 보여주면 어떨까요! 또한 중요한 것은 실패해도 포기하지
않는 용기입니다.

7. 관계는 계속 어렵겠지만, 얻을 수 있는 건 얻어가고 싶습니다

[내 마음은]

"영호씨, 특급전사 됐다고 들었어요! 축하해요!"

부끄러워하며 용사는 환하게 미소를 짓습니다.

"관계는 계속 어렵겠지만, 여기에서 얻을 수 있는 건 얻어가고 싶습니다. 모든 일에는 마음먹기에 달렸다고 생각합니다."

웃을 때 두 눈이 감겨 부드러운 이미지를 가진 용사는 또박또박 대답합니다. 전입해 와서 상담을 진행할 때 용사는 큰 키에 구부정하게 앉았고 목소리에 힘이 없었는데 5개월이 지난 지금은 어느새 허리를 꼿꼿이 편 채로 저와 마주하고 있습니다.

용사는 전입해 온 후 처음 만났을 때 긴장감, 불안감, 소모감, 무기력감, 우울감이 가득했고, 혼란스러워하며, 생활관은 어둠 속과 같다고 표현했습니다. 자살까지 염두하고 손목에 칼로 자해까지 했어요. 다행히 크게 상처는 나지 않았고, 잠시 힘들다는 생각에 자해했다며 자기 행동에 후회한다고 했습니다. 현역 부적합 심사를 잠시 생각했었으나, 안 해도 되겠다며 말은 하지만 체념한 듯 보였습니다.

용사는 업무나 훈련에 있어 앞으로 해야 할 일에 대한 두려움과 긴장감이 컸습니다. 잘하지 못할 거 같고, 해야 할 일이 많은데 다 잘해야 할 거 같은 부담감이 컸습니다. 또한, 사람들과 어울리는 게 힘들고 혼자 있을 시간이 필요한데 환경은 바뀌지 않으니 좌절감도 들었을 거라 여겨집니다.

간부님들과 회의 후 용사의 보직을 행정병으로 변경하고, 현재 생활관에서 가장 불편한 부분을 찾아 조치를 취했습니다. 그 후 용사를 만나지 못할 때 간부님들께 용사의 안부를 물으면 잘 지내고 있다고 하셔서 조금은 안심하고 있었습니다. 우연히 만났을 때도 환하게 웃는 미소가 저의 마음을 편안하게 했습니다.

전보다 편해 보이는 용사에게

"영호씨의 어떤 힘으로 이렇게 되었을까요?"

"여전히 다 같이 있는 게 피곤하고 함께 있는 건 어렵습니다. 이 마음으로 계속 근무하다 보면 같은 자리일 거 같다는 생각이 들었습니다. 그래서 제가 할 수 있는 일을 찾아보았습니다."

용사는 자기 능력 안에서 하고 싶은 특급전사를 따기 위해 잠을 줄여가며 병기본을 공부하고, 훈련소에서부터 어려웠던 사격도 전보다 더 집중했습니다. 시간이 주어지면 뜀뛰기도 열심히 했다고 합니다.

용사는 고등학교 때 굴삭기, 지게차 등 자격증을 획득하기 위해 선생님께 허락받아 남아서 연습했다고 합니다. 노력, 끈기로 지금의 자기 모습을 만들어낸 것입니다. 어려운 환경 속에서도 좌절하지 않고 자신을 위한 일이 무엇인지 탐색하고, 실행에 옮겼습니다.

용사와 코리나 루켄의 그림책 『내 마음은』을 만나보았습니다. 이 책에서는 마음을 창문에 빗대어서 이야기합니다. 나의 의지에 따라 마음이 열리기도 닫히기도 합니다. 마음은 얼룩이 지기도 하고, 물웅덩이가 되기도 하고, 먹구름이 끼기도 합니다. 그리고 작고 여린 싹에서 큰 나무가 되어 사랑을 나누어 줄 수도 있지요. 어떤 날은 나와 세상을 가로막는 높고 커다란 담장이 되어 아무것도 하지 못하기도 합니다. 좋아하는 사람과 마음을 나누기도 하고, 상처가 난 마음을 소중한 사람이 달래주기도 합니다. 이 모든 것은 나에게 달려 있습니다. 그 결과 땅에 심어놓은 새싹은 어느새 마음의 크기만큼 자라 나를 빛나게 합니다.

내 마음의 주체가 되어 내 마음을 한번 들여다볼까요? 타인의 시선에 바쁘게 반응하느라 소중한 에너지를 낭비하지 말고 자신의 마음을 마주하는 일에 에너지를 써주세요. 부정적인 바람으로 가득 찬 풍선의 크기는 조금씩 조금씩 작아질 것입니다. 그리고 또다시 부정적인 바람이 채워질 수도 있습니다. 이처럼 반복이 되겠지만 파도타기 하듯 파도에 몸을 맡겨주세요.

| 셀프테라피 |

Q 오롯이 내가 주체가 되어 선택한 일이 무엇일까요?

Q 주체적으로 선택했을 때 어떤 결과를 마주했나요?

[상담자가 건네는 마음]

부풀려 놓은 부정적인 풍선은 실제로 마주했을 때 크기가 생각보다 작다는 것을 우리는 그동안의 경험으로 알고 있습니다. 그동안 잘해온 자신을 믿어주세요.

8. 저는 모순덩어리입니다

"오늘 무슨 이야기 하고 싶으세요?"

"해소할 수 없는 스트레스가 많습니다. 저는 완벽하고 싶습니다. 이런 제가 교만하다고 생각합니다. 저의 행복의 원천은 나누어 주는 것이고 줄 수 없음은 곧 불행입니다. 이런 생각들을 하다 보면 무기력해집니다."

용사는 우연히 만나면 늘 웃는 얼굴로 큰 목소리로 인사를 해서 저도 더 반갑게 인사를 하게 됩니다. 용사에게는 상대를 즐겁게 하는 강점이 있습니다. 한 달 만에 다시 만난 용사는 빼곡하게 쓴 메모를 저에게 내밀었습니다. 상담 일정이 정해졌다는 이야기를 전해 듣고 전날 밤에 연등*을 하며 메모를 했다고 합니다.

이렇게 상담을 생각하며 고민되는 부분을 적어오는 내담자, 무슨 이야기를 할까 생각해보는 내담자를 상담사는 매우 환영합니

---

* 일과 후 밤늦게까지 개인 공부를 할 수 있는 시간

다. 적극적으로 자기에 대해 들여다보고, 탐색하려는 용사들이 기특합니다. 모든 사람에게 자신을 돌아볼 수 있는 시간이 있다면 앞으로 남은 삶이 좀 더 유연해지지 않을까 생각됩니다. 이런 시간을 가진 사람과 아닌 사람의 삶의 질은 분명 다를 것입니다.

용사는 신학과 학생으로 늘 자기와의 싸움에 힘들어하고 있습니다. 진로에 대한 고민도 많이 하고 있습니다. 성직자를 꿈꾸면서도, 부담스러워서 하기 싫은 마음도 있습니다. 생각이 많고, 많은 사람에게 선한 영향을 끼치고 싶고, 힘들어하는 동료들을 도와주고 싶은데 생각보다 잘 따라주지 않는 현실에 답답해하고 있습니다. 반면 '내가 뭐라고 잘난 것도 없는데 사람들에게 조언하지?'라는 현실에 마주하기도 합니다. 이런 양가감정으로 고통스럽기도 합니다.

"성진씨는 무엇을 할 때 가장 행복감을 느낄까요?"
"제가 풋살을 좋아합니다. 그걸 할 때 스트레스가 해소돼 좋은데, 또 하다 보면 경쟁에 몰입하게 됩니다. 온전히 즐기지 못하는 제가 있습니다. 그리고 전우들이 힘들어하면 도와주고 싶은데 잘되지 않습니다."
"아직 20대 초반이고, 학생이잖아요. 성진씨의 얘기를 듣다 보면 성진씨가 이미 성직자가 된 거 같아요. 다른 용사들처럼 게임

이야기, 운동 이야기, 친구 이야기를 해도 좋을 거 같은데 말이지요. 군대에 있는 동안이라도 저는 성직자가 되고 싶은 성진씨 말고 20대 초반의 대학생 성진씨, 군인의 모습으로 있어도 좋을 거 같아요."

용사는 제 말을 이해하지 못하겠다는 표정으로 저를 바라봅니다. 집안의 분위기에 따라 모범답안처럼 정답을 말해야 하고, 반듯해야 하고, 본인이 손해를 보더라도 타인을 배려해야 한다는 틀 안에 갇혀 있었습니다. 용사는 이상과 현실 사이에서 어디를 향해 가야 할지 고민이 되고, 틀에 갇히는 게 두렵기도 합니다.

용사와 천준형 작가의 그림책 『뭐라고 불러야 해?』를 만나보았습니다. 이 책에서는 놓인 환경에 따라 다양한 이름을 가진 '명태'가 '너는 나를 뭐라고 부를 건지, 나는 널 뭐라고 부르면 되는지'라고 우리에게 질문을 건네고 있습니다.

명태는 그물로 잡혔다고 '망태', 낚시로 잡히면 '조태', 수산 시장에 가면 '생태', 꽁꽁 얼렸을 때 '동태', 속이 노랗다고 '황태', 껍질이 검으면 '먹태', 하얗다고 '백태', 코 꿰어 꾸덕하게 말리면 '코다리' 등등 여러 가지 이름이 있네요.

나는 한 명인데 이름이 여러 개면 혼란스러울 거 같습니다. 이름은 역할로 볼 수도 있겠지요. 저는 남기숙이고, 엄마, 자기, 기숙아, 상담관님 등의 이름이 있습니다. 그리고 작가라는 이름으로 불리고 싶어요. 남기숙으로 불릴 땐 저를 대표하는 익숙한 이름이어서 자연스레 '네!'하고 손을 들어요. 엄마로 불릴 땐 아이가 저를 부르는 호칭이라 그런지 뭉클해집니다. '자기~'라고 불리는 건 짝꿍이 부르는 거라 손발이 오그라들면서도 기분이 좋아집니다. '기숙아'로 불릴 땐 부모님이 불러주시니 애틋합니다. 상담관님은 제2의 제 모습이어서 익숙합니다. 작가는 저의 또 다른 꿈이기에 '작가님'으로 불릴 생각을 하면 벌써 두근두근 설렙니다.

용사는 아직 자신의 이름을 찾지 못해 답답해했습니다. 신학생, 자신의 이름, 아들, 군인, 전역 후 뭘 해야 할지 막막한 20대 청년의 다양한 이름 안에서 자신의 색깔을 찾아보길 바라는 마음입니다. 용사는 지금-여기 자신의 역할에 충실해 보겠다고 말하며 상담실을 나섰습니다.

이렇게 많은 역할 중 불리고 싶은 이름, 또 반대로 불리고 싶지 않은 이름도 있을 거 같아요. 이럴 때는 진정 내가 원하는 이름이 무엇인지를 찾아보면 좋겠습니다. 분명 모두 '나'이지요. 타인이 규정짓는 이름보다 자신에게 불러주고 싶은 이름이 있으면 좋겠습니다.

Q 스스로 뭐라고 부르고 싶으세요? 뭐라고 불리고 싶은가요?

Q 그렇게 불리면 어떤 느낌이 드세요?

Q 어떤 명칭이 가장 '나'를 나타낼 수 있나요?

[상담자가 건네는 마음]

다양한 역할 중에서 진정 행복감을 느끼고, 만족감을 느낄 수 있는
이름을 스스로 많이 불러주세요. 그리고 많은 이름을 자신의 것으로
만들고 강점으로 만들어주세요.

9. 제가 이상한가요?

[마음안경점]

"다호씨는 다른 사람들과 관계를 어떻게 하고 싶을까요?"

"겉돌지 않고 잘 지내고 싶습니다. 그런데 관계가 초기화가 되는 거 같습니다. 제 모습을 숨기고 다시 세팅됩니다. 그리고 다른 사람들과 다른 거 같습니다. 공감하는 게 다르고, 저 혼자 다른 소리 하는 거 같고, 다른 사람들이 하는 말을 이해하지 못하겠습니다. 제가 이상한가요?"

용사는 상담실에 오면 늘 등과 팔을 의자에 기대어 앉습니다. 약간 삐딱해 보이기도 합니다. 8회기의 상담 시간 동안 한 번도 간식을 먹지 않았습니다. 제게도 거리를 두고 있는 느낌도 있었습니다. 상담 초반에는 삐딱하게 앉은 모습이 반항적인 모습으로 보여 불편하게 다가왔으나 중반부터는 편하게 느껴졌습니다. 허리를 꼿꼿이 세우고 긴장한 모습보다는 긴장이 조금 풀린 것 같았습니다. 어느 날부터 상담 중간에 살짝 미소를 보이는 것도 긴장이 풀렸다는 이야기겠지요.

용사는 자신이 이상하다고 이야기를 자주 합니다. 가끔 선임에게 혼이 나는데 자신이 뭘 잘못했는지 모를 때가 많고, 다른 사람들이 무슨 이야기를 하는지 모를 때도 있어서 대화가 잘되지 않는다고 합니다. 사람들 사이에 있으면서도 섬처럼 외로이 혼자 있는 느낌이 있을 때도 있고, 그럴 때마다 스스로 '내가 사이코패스인가? ADHD인가?' 등등의 원인을 만들어 넣어 풍선을 부풀리게 됩니다. 어릴 적부터 용사의 가정환경을 보면 감정 기복이 있는 아버지로 인해 언제 무슨 일이 일어날지 모른다는 초조함, 불안감이 늘 있었다고 합니다. 그래서 대인관계 안에서도 나를 어떻게 생각할까에 늘 매여있습니다.

용사를 보면 스스로 부정적인 의미의 이름표를 붙여 불안하고 불편한 마음을 잠재우고 싶은 마음이 느껴집니다.

용사와 조시온 글, 이소영 그림의 그림책 『마음안경점』을 만나 보았습니다. 미나는 입술의 높낮이가 달라 자기 모습이 마음에 들지 않고, 자신의 마음을 솔직히 드러내기 어려워하고 있어요. 체육 시간에 공으로 얼굴 쪽을 맞아서 안경테가 부러졌는데도 괜찮다고 말하고, 학기 초에는 친구들이 자기 이야기를 하는 거 같은데 용기 내어 물어보지 못하는 미나가 있어요. 미나의 모습 그대로이기보다는 눈에 잘 띄지 않는 미나로 보이길 바라는 마음이에요.

안경을 바꾸기 위해서 찾아간 마음안경점에는 알록달록, 다양한 얼굴에, 다양한 모양의 안경이 전시되어 있는데요. 미나는 어떤 안경을 고르게 될까요? 친절한 안경사님이 주신 배경 흐림 안경은 미나의 입술이 더 드러나 보였습니다. 다시 바꿔 그대로 보이는 그대로 안경을 끼워주는데 미나는 가만히 얼굴을 들여다보게 되었습니다. 활짝 웃고 있는 자기 얼굴을 마주하게 됩니다. 미나에게 딱 어울리는 안경을 찾았네요!

안경사님께서 전해주신 마음은 자기만의 빛입니다. 자기만의 빛은 눈이 아니라 마음으로 봐야 한다는 것을 미나도 알게 되었습니다. 또한 자기만의 빛을 발견하는 것도, 빚어낼 사람도 자신이라는 것입니다.

내가 만든 과거의 부정적인 프레임(틀)에 갇혀 아무것도 하지 않으면 더 깊은 웅덩이에 빠져나올 수가 없습니다. 자신을 부정적으로 보고 있는 안경은 벗고, 지금부터 무엇을 하면 자신과 잘 지낼 수 있을지 탐색할 수 있는 안경을 써야 할 것입니다.

물론 부정적인 프레임을 쉽게 벗길 수는 없습니다. 먼저 할 일은 자신에게 물어야 합니다. 현재 상황이 불편한지, 그래서 그 상황을 벗어나고 싶은 욕구가 있는지. 그렇다면 노력을 해보는 것입니다.

이 용사에게 중요한 일이 다른 사람에게는 중요하지 않을 수 있고, 반대로 자신에게 중요하지 않은 일이 다른 사람에게는 중요할 수 있습니다. 그래서 공감대가 다를 수 있습니다. 그럴 때 사람들과 대화 중에 이해가 안 되는 부분이 있거나, 자신으로 인해 분위기가 어색해졌다면 좀 더 친한 용사에게 물어보면 좋겠습니다. 주변에 자신을 도와줄 수 있는 사람들은 한 명씩은 있을 것입니다. 그 사람을 발견하는 안경도 필요합니다.

용사에게 그대로 안경으로 '나다움'을 그대로 볼 수 있는 마음의 근육이 생기길 바라는 마음입니다.

┃셀프테라피┃

Q 당신은 어떤 안경을 끼고 있나요? 그 안경으로 당신을 어떻게 바라보고 있나요?

[상담자가 건네는 마음]
타인에게 인정받고 싶기 전에 자신을 스스로 인정하고 있는지 살펴봐 주세요.

10. 1년 동안 숨만 쉰 거 같습니다

[한밤의 정원사]

"상담관님 1년 넘는 기간 동안 숨만 쉰 거 같아요. 하고 싶은 공부도, 제가 좋아하는 일도 찾지 못했습니다."

어느새 상병이 되어 짧은 머리보다 조금은 긴 머리가 익숙해진 용사는 허무한 표정으로 그동안 아무것도 못 했다고 속상해합니다. 상담실에 오면 장난기 어린 얼굴로 툭툭 진지한 이야기를 털어놓는 용사인데 오늘은 좀 더 진지해 보입니다. 전역이 얼마 남지 않아 그런 건지 시간이 잘 가지 않는다고 투덜거렸는데 이제는 전역 후 뭘 해야 할지 모르겠다며 막막해하는 모습입니다. 지금까지 연등도 하지도 않고 뭐 했냐며, 해놓은 게 없다고 속상해하고 있습니다.

일과 후 용사들은 개인 정비 시간이 있고, 평일에는 밤 12시, 주말에는 새벽 1시까지 공부할 수 있는 연등 시간이 있는데요. 그 시간까지 공부하는 용사들을 서로 대단하다고 이야기합니다. 업무를 하다 보면 체력이 그만큼 따라주지 않고, 자신의 뚜렷한 목표 없이는 선택할 수 없는 일이기 때문입니다.

늦은 시간까지 연등을 하는 용사들은 자신들이 이루고자 하는 목표가 뚜렷하거나, 때론 생활관이 불편해서 다른 용사들과 거리를 두고 싶어 하기도 합니다.

용사는 업무를 하고 나면 그만큼 체력이 따라주지 않아 힘들고, 하고 싶은 걸 찾지 못해 공부할 것이 없다고 합니다.

용사들은 군대에 와서 미래를 결정할 수 있다고 생각합니다. 하지만 현실은 그렇게 하기가 쉽지 않습니다. 생각할 시간은 많을 수 있으나 업무를 하다 보면 생각할 여유가 없다는 게 현실입니다. 그리고 정보를 찾아보거나 경험을 할 수 있는 기회가 사회에 있을 때보다 훨씬 적을 수 있습니다. 시간이 흐르다 보면 어느새 전역할 시기가 가까워지고, 점점 사회에 나가야 한다는 압박감이 엄습해 오지요.

사회에 있을 때 학생이었던 용사들에게는 다시 학생으로 돌아가 적응하다 보면 또 다른 기회가 올 수도 있고, 더 많은 경험을 할 수 있다는 가능성을 이야기합니다. 아르바이트나 일을 하고 왔던 용사들에게는 기존 회사에 돌아가는 방법, 군대의 단기 전문하사를 선택해서 용돈을 벌며 정보 탐색할 수 있는 시간을 가지도록 권하기도 합니다. 단기 전문하사로 채용이 되면 복학하기 전까지 일정한 금액의 월급을 받을 수 있는 장점과 용사에서 간부로 신분이 바뀌게 되어 그만큼 혜택과 책임이 주어집니다.

우리 인생에서 정말 좋아하는 일, 내게 잘 맞는 일을 한눈에 알아보고 찾을 수 있으면 얼마나 좋을까요? 원하는 일을 찾으려면 어떻게 해야 할까요? 유튜브나 책, 검색창을 열심히 보며 찾으면 될까요? 물론 그 노력 또한 중요합니다. 더 중요한 것은 여러 가지 경험을 해보는 것입니다. 겪어봐야 그 일이 내게 맞는지, 내가 좋아하는 일인지, 나의 강점을 활용해서 할 수 있는 일인지를 알 수 있습니다. 몸으로 부딪쳐 봐야 알 수 있습니다. 이 경험이 아니면 다른 일, 그리고 또 다른 일을 해보고 찾아보면 될 것입니다.

"상철씨, 1년 동안 정말 아무것도 하지 않았을까요? 1년 동안의 상철씨의 시간을 잘 살펴보면 좋겠어요."

1년의 세월 동안 용사들은 원하지 않는 환경에서 지금까지 잘 버티고 하루하루를 살아내고 있습니다. 용사들은 처음 해보는 업무, 규칙적으로 짜인 일과를 해내는 일, 간부들과 용사들과 원하지 않아도 소통을 해야 하는 일을 하고 있습니다. 그것만으로도 힘들었을 텐데 자신의 노력을 인정하기는 어려운가 봅니다. 저는 그들이 성취감을 누리기를, 만족감을 느끼기를 희망합니다.

여러분은 지금 진정 원하는 일을 하고 있나요? 가슴 두근거리는 일을 하고 있나요?

테리 펜 글, 에릭 펜 그림의 그림책 『한밤의 정원사』에서는 꾸준함으로 생명력을 심어주고 변화를 일으키는 할아버지가 있습니다. 할아버지의 정성으로 나무에 생명이 입혀지고, 시간의 흐름으로 색깔이 입혀지고, 마을에 변화가 일어났습니다. 보육원에 사는 윌리엄은 할아버지의 마법에 반했고 호기심이 생겼습니다. 한밤의 정원사 할아버지와 함께 밤이 깊도록 마을에 생명을 불어넣습니다. 시간이 흐르고 윌리엄에게도 기회가 찾아옵니다. 윌리엄은 큰 노력을 했겠지요? 계절이 바뀌고 정원사가 마을을 다녀간 흔적이 사라져도 마을은 여전히 숨을 쉬고 있습니다. 윌리엄은 자신을 위해, 마을을 위해, 사람들을 위해 가슴 두근거리는 일을 하고 있을 거 같습니다.

한 땀 한 땀의 땀이 모여 추구하고자 하는 무엇을 이루었듯 열심히 살아가는 나에게 응원을 해주시길 바랍니다.

노력해서 무언가를 얻었든 얻지 못했든, 설사 무언가를 얻지 못했다 하더라도 노력을 했다는 것에 의미를 두어요. 우리.

Q 내가 그동안(최근에) 한 일 중 가장 의미 있는 일
　(한 땀 한 땀의 노력)은 무엇인가요?
　내가 앞으로 의미 있게 하고 싶은, 할 수 있는 일은
　무엇일까요?

[상담자가 건네는 마음]

고군분투할지라도 그 노력 또한 멋지다는 거 잊지 말아 주세요.

11. 비지니스 관계를 합니다

[적당한 거리]

"전입해 와서 가장 힘든 일이 뭘까요?"

"마음을 터놓을 수 있는 사람이 없습니다. 저는 사회에 있을 때 사람들을 많이 사귀고, 소통하는 것을 좋아했는데 여기에서는 제 성격대로 할 수가 없습니다."

용사들이 군대에서 가장 힘들어하는 부분 중 하나는 대인관계입니다. 물론 사회에서도 어려운 문제이지요. 흔히 사회에서는 마음이 맞지 않거나, 보기 싫으면 안 보면 되는데 군대에서는 같은 생활관을 쓰게 되면 24시간 내내 같이 생활해야 해서 고통스럽다는 거죠. 밥도 같이 먹으러 가야 하고, 일과도 같이해야 하고, 잠도 같이 자야 해서 지옥이라고 표현합니다. 반대로 마음이 잘 맞는 용사들과 함께 있으면 집처럼 편안하고, 따뜻하다고 말하기도 합니다.

"대인관계 안에서 기홍씨가 요즘 힘든 부분이 뭘까요?"

"제 이야기를 선임들이 뒷담화한다고 하는데 차라리 앞에서 했으면 좋겠습니다. 다른 선임이 제 이야기가 돈다고 이야기해 주는데 기분이 좋지 않습니다. 저는 그 선임과 거의 친분도 없는데 왜 제 이야기를 하는지 이해가 되지 않습니다. 사실 신경 쓰고 싶지 않습니다."

"용사들 사이에서 흔히 하는 용어가 있던데요? 비즈니스 관계. 그 뜻을 설명해줄 수 있어요?"

"네. 맞습니다. 비즈니스 관계. 공과 사를 구별하는 겁니다. 개인적인 이야기는 하지 않고 업무 얘기만 하는 거죠. 전역 후에는 다시 안 만날 거니까." (말을 하고 씁쓸한 미소를 짓는 용사)

"조금 아쉬워하는 모습이네요. 저는 그 방법도 괜찮을 수 있겠다는 생각이 드네요. 관계로 스트레스받으며 자신을 힘들게 하는 것보다 나으니까요."

용사와 전소영 작가의 그림책 『적당한 거리』를 만나보았어요. 이 책에서는 다양한 종류의 화분이 나오는데요. 화분의 주인이 싱그럽게 키운 비법을 알려주는데 한번 들어볼까요? 적당해야 한다고 합니다. 식물의 성격에 따라 물을 좋아하기도 하고, 물이 적어도 잘 살 수 있고, 음지에 있거나, 일광욕을 좋아하거나, 가끔 쓰다듬어 주면 향기를 내뿜으며 좋아한다고 합니다. 반대로 관심이 지나쳐 물이 넘치면 뿌리가 상하고, 마음이 멀어지면 식물은 생기를 잃게 되지요. 가끔은 가지를 잘라 줘야 하고, 더 넓고 새로운 흙을 마련해 줘야 합니다.

적당한 양의 물과 거름과 햇빛과 바람, 적절한 장소에 두어야 건강한 식물을 만날 수 있겠지요. 우리네 사이처럼 말이에요.

적당한 거리는 예의를 지키며, 서로를 해치지 않는 관계를 일컫습니다. 그렇게 서로 다름을 인정하고, 받아들이는 것입니다.

저는 타인의 시선에 예민하게 반응하는 용사들에게 적당한 거리를 적극적으로 강조하고 있습니다. 그리고 관계에 어려움이 없는 용사들도 아무리 친한 선, 후임 사이여도 반말을 하거나 너무 편하게 대하지 않도록 권합니다. 둘은 괜찮아도 제삼자가 질투해서 규율을 어겼다고 신고하는 불편한 일이 생길 수 있습니다. 그렇게 되면 징계를 받는 상황이 생길 수가 있습니다. 억울한 일이 생기겠지요?

가족 간에도 적당한 거리가 필요하듯 다양한 지역, 직업, 나이가 존재하는 군대에서는 더더욱 필요합니다. 그 거리만 유지해도 마음이 상하는 일은 훨씬 줄어들 거라 생각합니다.

무언가를 적당히, 충분히 하는 건 참 어렵습니다. 타인과의 관계에서도 적당한 거리가 필요합니다. 친하게 느껴진다고 혼자만

의 과한 사랑으로 그사이의 경계를 넘어 버리면 준비되지 않은
상대에게 상처를 줄 수 있습니다.

사람과의 관계에서도 세밀한 관심은 곧 배려하는 마음일 것입
니다. 그리고 그와 내가 같지 않다는 것을 받아들여야 할 것입니
다. 자기 몸과 마음을 보호하며 관계를 맺어나가야 할 것입니다.

┌─ Ｉ셀프테라피Ｉ ────────────────────────
│ **Q** 나에게 관계에서 '적당한 거리'는 무엇일까요?
│
│
│
└──────────────────────────────────────

[상담자가 건네는 마음]

자신을 해치지 않는, 자신의 가치관을 흔들지 않는 관계가 적당한
거리입니다.

12. 적응을 하면 지는 것입니다

[지혜로운 멧돼지가 되기 위한 지침서]

"노예나 다름없습니다. 여기에서 인생 낭비를 하고 있습니다."

전입해 온 지 3개월이 다 되어가는 용사는 오늘도 불만을 잔뜩 쏟아 놓습니다. 특별한 이유가 없는데 화가 나고, 일을 너무 많이 했는데도 보람이 없고, 근무 환경 자체가 너무 열악해서 화도 나고, 바뀌지 않는 환경에 또 화가 납니다. 오늘도 나가고 싶다는 말을 반복합니다.

용사를 처음 만났을 때 군 생활을 하는데 동기부여가 필요하다고 했습니다. 자신은 미래에 대한 계획이 많은 사람인데 지금 군대에서 비효율적이고, 바보 같은 짓을 반복하고 있다고 말했습니다. 군대가 걸림돌이 되어 자신을 괴롭힌다고 했지요.

많은 용사가 훈련소와 후반기 교육을 받고 자대 배치를 받고 전입을 오면 적응하는 데 시간이 상당히 필요합니다. 훈련소와 후반기 교육은 동기들끼리 생활을 하지만 전입을 오면 선임들과 간부들과 생활해야 하니 부담스러울 것입니다. 제일 막내로서 실수하면 안 되고, 잘해야 한다는 압박감, 배워야 할 것들이 산더미처럼 쌓여있으니 긴장이 많이 될 수밖에요. 2주간의 신병 적응 동안 업무는 하지 않고 부대 생활의 기본 사항을 익히게 됩니다. 그때 새롭게 익혀야 할 것들이 많아집니다. 한 달 정도 지나면 대부분 다시 만났을 때 익숙해진 모습입니다.

때론 바뀌지 않는 환경에 적응하는 것도 현명한 방법일 수 있습니다. 하지만 용사는 적응하는 순간 자신에게 지는 것이라고 말했습니다. 그래서 절대 적응하지 않겠다고 다짐하듯 말했습니다.

용사는 군대에 오기 전 식당에서 매니저 업무를 하면서 인정을 받으며 열심히 살아왔습니다. 학창 시절부터 부모님과 떨어져 지내며 스스로 생활하며 치열하게 살다 보니 늘 계획적으로 움직이며 결과가 보여야 했습니다. 사회에 있으면서 돈을 더 벌어야 할 시간에 군대에 있으니 용사에게 불필요한 시간이 될 수도 있겠지요.

용사와 권정민 작가의 그림책 『지혜로운 멧돼지가 되기 위한 지침서』를 함께 만나보았습니다. 하루아침에 집을 잃은 멧돼지

가족이 새집을 찾아 나서는 여정이 나오는데요. 멧돼지 가족들이 자기 모습과 같다고 용사는 이야기했습니다. 자신도 잘 지내왔던 사회를 떠나 생각하지 못했던 환경에 놓여 자신을 잃어버린 느낌 이라고 합니다. 새로운 환경에 적응하는 멧돼지들의 모습이 안쓰 럽기도 하고, 적응하는 장면들이 재미있게 그려져 있어 함께 웃 기도 했습니다.

"지혜로운 형철씨가 되기 위한 지침서는 무엇일까요?"
"……"
한참을 침묵으로 답을 합니다.
"지혜롭게 군대 생활을 하려면 어떻게 해야 할까요?"
"여기에서 잘 할 수 있는 일을 찾아봐야겠습니다."

용사의 파견 근무로 오랜만에 다시 만났을 때 특급전사를 땄 고, 분대장을 달고 생활관에서 책임을 맡고 있었습니다. 어떻게 그렇게 할 수 있냐고 물었을 때, '노력하니까 결과가 보였다'라고 웃으며 대답했습니다. 포상 휴가도 받으니 더 책임감이 생겨서 적극적으로 생활하고 있었습니다.

우리는 바꿀 수 없는 환경에 처했을 때 고통스러운 마음에 좌 절할 수 있습니다. 잠시 그 시간에 머물러 자신의 힘든 상태를 바라보고, 충분히 알아주길 바랍니다. 그리고 조금씩 에너지가 생겼을 때 지금의 상태에서 할 수 있는 일들을 하나씩 하길 바랍니다.

┌─ **| 셀프테라피 |** ──────────────────────────────┐

Q 지금-여기에서 지혜로운 내가 되기 위한 지침서를 써보세요.

└──┘

[상담자가 건네는 마음]

지금 힘들다고, 고통스럽다고 포기하지 말아 주세요. 자신에게 비난의 화살을 쏘지 마세요.

13. 너무 힘이 들어 전화했습니다

[빨간 나무]

　"상담관님…. 저…. 급양대 김영수입니다. 너무...힘이 들어 전화했습니다."

　퇴근 후 저녁 식사를 하고 있는데 모르는 번호로 전화가 왔습니다. 군대로 이직을 하면서 힘든 부분이 24시간 휴대폰을 옆에 두고 있어야 한다는 것입니다. 시간을 가리지 않고 모르는 번호가 와도 받아야 합니다. 혹시나 자살로 이어질 수 있는 위기 사례일 수도 있으니 퇴근 후에도 늘 긴장 상태로 있습니다.

　거의 들리지 않는 목소리로 용사는 한마디 한마디 말을 이어갑니다. 다행히 위기 사례는 아니었고, 다음날 바로 출근해서 만나기로 약속을 했습니다.
　용사는 상담실 문 앞에 붙어 있는 제 전화번호를 보고 몇 번이고 망설였다고 합니다. 전화할까 말까, 뭐라고 말을 해야 할지,

뭐부터 말을 해야 할지 고민이 되어서 한참을 망설이고 전화를 했다고 합니다. 얼마나 망설였는지 용사의 마음이 전해져 옵니다.

"정말 많이 힘들었겠어요. 그래도 이렇게 용기 내서 전화해줘서 고마워요. 쉽지 않았을 텐데 영호씨가 스스로 해결하려고 하는 마음이 대단한 거 같아요."

매일 간부님들 전화를 받고, 요구 사항을 처리하는 업무를 하는 용사는 전화벨 소리가 울리면 머리가 하얗게 되어 응대할 수가 없다고 합니다. 실수를 조금이라도 하게 되면 스스로가 한심하고, 답답하고 남은 업무를 처리할 수 없게 된다고 합니다. 아침에 눈을 뜨면 업무를 하러 가기 힘들고, 어디론가 사라지고 싶다고 합니다. 이런 생각이 반복적으로 들었고, 저녁에 친구와 통화를 하다 눈물이 쏟아졌다고 합니다. 그래서 상담을 받아야겠다는 생각이 들었다고 합니다.

사회에 있을 때 비슷한 경험을 했는지 물어보니 고등학교 때 체격이 크고 힘이 센 친구와 부딪혀서 싸움으로 갈 뻔했던 적이 있었다고 합니다. 그때 말싸움으로 끝났지만 공포스러웠다고 합니다. 그 이후 실수할까 봐 다른 사람들에게 먼저 말을 걸지 않게 되었고, 친한 친구들에게도 조심스럽다고 합니다.

용사와 숀 탠의 그림책 『빨간 나무』를 만나보았습니다. 아이는 병 안에 자신을 넣어 투구를 쓰고 나만의 시간을 갖습니다. 그 공간에서는 아무것도 들리지 않고, 누구도 내게 말을 걸지 않습니다. 이곳이 안전지대처럼 편안할 수도, 마음속 저 깊은 곳에서는 누군가가 나를 봐주기를 간절히 바랄 수도 있습니다. 용사는 병 안의 아이를 보며 편안해 보인다고 했습니다. 자신도 차라리 모르는 사람들과 있고 싶다고 했습니다.

병 안을 들어가는 것과 나가는 것은 내가 선택한 일입니다. 여러분은 어려움이 밀려올 때 어떻게 하고 싶은가요? 위로해 줄 수 있는 무언가가 있나요?

『빨간 나무』에는 장면 장면마다 빨간 잎이 숨겨져 있습니다. 아이들이 숨은그림찾기 하듯 찾아보는 재미도 있을 거라 생각이 듭니다. 물론 빨간 잎의 상징은 '희망'이라고 생각합니다. 내담자가 말했듯이 뻔한 스토리일 수 있습니다. 하지만 장면 장면마다 놓이는 독자의 마음은 다릅니다. 한여름 큰 태풍이 몰아쳐 올 때처럼 누군가에게는 하루하루가 그저 바람이 아닌 태풍일 수 있습니다.

희망이라고는 희미하게라도 보이지 않는 거죠. 어둠이 밀려오고, 모든 일은 한꺼번에 터져버립니다. 옴짝달싹 못 하도록 발을 묶어 놓습니다. 아이는 하루하루 기다리고, 기다리고, 기다리고,

마음이 닳아 작아질 때까지 기다립니다.

이렇게 한없이 끝없이 구덩이를 파고 내려가다 보면 내가 누구인지. 여기에 왜 있는지, 무엇을 해야 하는지 머릿속은 하얗게 되어버립니다. 절망 속에서 헤매고 집에 돌아갔을 때 놓여있던 한 장의 빨간 잎이 어느새 두 장이 되고, 세 장이 되어 빨간 나무가 되어있었습니다. 희망은 가까이 있었습니다.

희망은 거창한 것이 아니라 내 안에서 내가 만드는 것입니다. 우리는 켜켜이 낙엽이 쌓이듯 불행이 쌓이는 것을 보며 '왜 나에게만 불행이 찾아오지? 왜 나에게만 힘든 일이 생기지?'라고 누군가를 원망하고, 환경을 탓하기 마련입니다. 희망이 없다고 생각하고 거기에만 몰입되어 부정적인 생각을 하고 있다고 해도 상황은 변하지 않습니다. 그 장면에서 잠시 떨어져 생각을 전환해 보세요. 비록 한 장의 희망일지라도 마음에 품고 키운다면 자신의 속도대로 나아갈 수 있습니다.

군 상담은 외부 기관에서의 상담과는 달리 해결중심으로 진행되어야 할 때가 있습니다. 현재 용사에게 가장 불편한 부분을 재빨리 해결해주면 생각보다 수월하게 마무리가 되는 경우가 있습니다. 단, 부대의 상황, 용사의 의사가 맞아야 가능한 일입니다. 요즘 군대는 용사가 군 생활을 잘 마무리 할 수 있도록 환경을 바꿔주기도 합니다.

이 용사에게는 보직 변경이 필요한 상황으로 판단이 되어 권했지만, 타인의 시선에 예민한 용사는 거부했습니다. 다른 보직으로 옮기면 남아 있는 사람들한테 자신의 업무를 떠넘겨지는 게 싫어서 우선 버텨보겠다고 했습니다. 그 후 상담은 지속되었고 시간은 걸렸지만, 보직과 근무대까지 변경하니 용사는 "그때 상담관님이 권하실 때 진작 바꿀걸 그랬다. 이제 살 거 같다. 마음이 편해졌다."라고 말할 정도로 표정이 밝아졌습니다. 이제 자신의 역량을 발휘하며 업무를 잘하고 있습니다.

┌─ |셀프테라피| ─────────────────────────
│ **Q** 최근 마주했던 소소한 행복은 무엇이었나요?
│
│
└─────────────────────────────────────

[상담자가 건네는 마음]

행복은 늘 우리 곁에 있어요. 그것을 알아차리는 몫은 우리의 마음에 있습니다.
하루하루 치열하게 살아가지만 잠시 멈춤하고 주위를 둘러봐 주세요.
소소한 행복을 마주해주세요.

14. 담배가 유일한 낙입니다

[엘리베이터]

  3년째 군대에서 근무하고 있는데 용사들을 살펴보니 신병 시기를 넘기면, 상병쯤 되었을 때 또 한 번의 고비가 와서 힘들어하는 것을 자주 보고 있습니다. 군 생활은 어느 정도 파악이 다되었고, 훈련도 경험이 있어 두려워하지 않지만, 군 생활 보다 전역 후의 진로, 대인관계, 가정환경 등에 대한 자신에 관한 생각이 많아집니다. 성장하는 과정 중의 하나입니다.

  사회에서 지게차 운전 일을 하면서 쉬는 날에는 드라이브를 취미 삼아 자유로움을 만끽하며 큰 걱정 없이 지냈던 용사였는데, 군대에 와서 지게차 운전을 원했으나 다른 보직을 맡아 반복된 단순 업무만 하는 것에 점점 의미를 잃어가게 되었나봅니다.
  신병 상담 때는 개구진 얼굴로 잘 웃으며 자신의 이야기를 잘했는데 상병이 되어 다시 만났을 때는 에너지가 전혀 느껴지지 않아 마주 앉아 있는 저도 힘이 빠졌습니다. 자유롭지 못해 묶여

있다고 생각하는 용사는 점점 우울감이 스며들어 상담을 직접 신청했습니다.

"일과 후 개인 정비 시간이나 주말에는 뭐 하고 지내세요?"

상담 장면에서 용사들의 시간 관리는 큰 변화 없이 늘 반복되는 일상의 시간이지만 확인해야 할 사항입니다.

"핸드폰 하다가 잠자다 보면 시간이 갑니다."

"평소 자주 연락하는 사람은 누가 있을까요?"

"전혀 없습니다. 모든 게 귀찮습니다."

제한된 환경 안에서 운동이나 공부로 자기 계발을 하며 스트레스 관리를 현명하게 하는 용사들이 있지만, 핸드폰을 하거나 잠으로 시간을 보내는 용사들이 있습니다. 그 시간이 쉼이 되면 다행이지만 대부분 무의미하게 시간을 보내서 후회하기도 합니다.

제가 2019년부터 군에서 근무를 시작했을 때 용사들이 핸드폰을 사용할 수 있는 환경이었습니다. 용사들은 일과 후에 핸드폰을 사용하게 되면서, 주말에 다른 용사들과 대화하거나 상호작용을 하며 시간을 보내는 대신 핸드폰을 하며 자기만의 시간을 보내는 환경으로 바뀌었습니다.

신병들에게 주말에 생활관의 분위기를 물어보면 '다들 핸드폰 하느라 조용하다, 서로 말을 하지 않고 핸드폰만 한다.'라는 말을 합니다. 그 시간이 용사들에게 필요한 시간이기도 하니 이해가 되면서도 안타까웠습니다. 외향형이면서 사람들과 소통을 원하는 성향의 용사들은 그런 환경이 아쉽다고 이야기를 합니다. 반대로 내향성이 높고 혼자 있는 시간이 필요한 용사들은 오히려 편하게 생각합니다.

"준성씨가 힘들 때 위로해주거나 스트레스 풀 수 있는 게 뭐가 있을까요?"

"탁구를 좋아했는데 요즘은 치지 않고, 답답할 때마다 담배를 피웁니다. 유일한 취미입니다. 하루에 두 갑 필 때도 있습니다. 담배 피울 때가 유일하게 아무 생각이 안 들고 마음이 편해집니다."

하루에 한 갑 이상의 담배를 피우는 마음은 어떨까요? 무슨 생각을 하며 담배를 피울까요? 얼마나 답답하면 시간이 날 때마다 흡연장에 가서 담배를 피우며 잠시나마 숨을 쉬는 걸까요? 용사의 건강이 걱정되었습니다. 해결되면 다행이지만 건강을 해치는 방법은 스트레스를 해소하는 대안이 될 수 없습니다. 오히려 해가 되어 건강을 해치게 될 것입니다.

용사와 어느 날 상담에서 행복의 크기에 관해 이야기하다가 야엘 프랑켈 작가의 그림책 『엘리베이터』를 함께 만나보았는데요.

우리 일상에서 만날 수 있는 이야기로 따분한 오후 아이가 강아지와 함께 산책하러 나가려고 엘리베이터를 타는데요. 그 안에서 4층의 폴라 아주머니, 8층의 미겔 할아버지, 6층의 코라 아주머니와 쌍둥이를 만나게 되었어요. 그런데 갑자기 엘리베이터가 멈춰버렸어요. 잠시 모두 당황했지만, 폴라 아주머니께서 달콤한 케이크를 나누어 주셨고, 미겔 할아버지는 졸려서 우는 쌍둥이를 위해 '아무렴 어때'라는 이야기를 들려주셨어요. 무섭고 지루할 수 있는 시간이 이웃들 덕분에 따뜻하게 전환이 된 거지요. 엘리베이터라는 좁은 공간에서 소소한 행복을 느낄 수 있는 순간이었을 거 같아요.

우리가 자주 마주하는 공간, 바뀌지 않는 일상에서 전해져 오는 행복은 분명 있어요. 그 크기가 어떤지는 마주하는 사람마다 다르겠지요. 또한, 행복이라는 걸 모르고 지나갈 수도 있겠지요. 하지만 바뀌지 않는 환경에 있으면서 그 상황을 탓하며 에너지를 쓰는 것보다 소소한 행복을 느낄 수 있도록 자신을 위해 할 수 있는 작은 실천이 무엇인지 찾아보면 좋겠어요. 혼자 할 수 없다면 저와 함께 할 수 있어요.

그 후 용사는 상담을 지속하면서, 선임들과 탁구를 다시 치기 시작했고, 간부님께 건의해서 지게차 운전 연습을 할 수 있도록 여건을 보장받았습니다. 참 다행이지요? 용사가 제게 했던 말이 기억이 나네요.

"제 건강을 걱정해주는 사람은 상담관님뿐입니다. 하지만 담배를 줄여야 하는데 줄이기 힘드네요."

담배는 아직 피우고 있지만 아주 조금씩 줄이고 있다고 합니다. 그래도 자신이 할 수 있는 범위 안에서 노력하는 용사가 대단하다고 생각합니다.

| 셀프테라피 |

Q 어려움이 밀려올 때 나의 문제해결력은 어떠한가요?

[상담자가 건네는 마음]

때론 생각의 전환이 또 다른 기회를 가져오기도 합니다. 그 기회를 두려워하지 말고 옆에 있는 누군가가 손을 내밀면 손을 잡고 걸어가 보세요.

15. 죽지 못해 삽니다

[나는 돌입니다]

고개를 푹 숙인 채 상담실에 들어온 용사는 목소리가 너무 작아 거의 들리지 않습니다. 불안한 듯 손을 마주 잡고 쉴 틈 없이 움직입니다. 잔뜩 긴장된 웅크린 어깨의 작은 체구가 더 작아 보입니다. 저도 같이 몸이 굳어지는 것 같습니다.

"지금 어떤 부분이 가장 힘들까요?"
"내성적인 성격이라서 부대원들과 친해지기 어렵습니다. 단체 생활도 숨이 막히는 거 같습니다. 사람들과 있으면 불편합니다. 나를 욕하는 거 같고, 안 좋게 생각하는 거 같고, 시선이 신경 쓰입니다."

용사는 고등학교 때부터 우울감으로 정신의학과에서 정기적으로 진료를 받고 약도 먹고 있었습니다. 전입해 온 후에도 지속해서 약을 먹고 있었습니다.

용사는 휴가를 다녀온 후 자가격리 때 커터칼로 손목을 그어 자해를 시도했습니다. 보통 신병 휴가는 2주일 정도 다녀오는데요. 코로나19로 인해 격리 2주 기간이 있었습니다. 격리 기간에는 따로 업무를 하지 않고 혼자서 보내게 되는데요. 그 시간을 힘들어하는 용사들도 있고, 편하게 생각하는 용사들도 있습니다. 핸드폰을 하거나, 책을 보거나 공부를 하며 보내는 용사들이 있기도 하고, 뭘 해야 할지 당황해하는 용사들도 있습니다.

그때 우울감이 있는 용사들은 더 우울감이 심해지기도 합니다. 용사도 같은 경우였습니다. 거의 한 달이라는 시간을 다른 용사들과 거리를 두었다가 다시 선임들이 가득한 곳으로 돌아가야 한다는 생각에 '왜 이렇게 살아야 하는지, 나 자신이 너무 싫다, 더 못 버틸 거 같다'라는 부정적인 생각과 함께 자해 시도를 한 것입니다.

"자는 시간 빼고 모든 게 다 힘듭니다. 죽지 못해 살고 있습니다."

눈동자가 흔들리고, 초점이 흐려진 용사가 보입니다. 용사의 고통이 제게도 전해져 옵니다. 용사에게는 그 어떤 '힘내!'라는 의미의 말은 하나도 들리지 않습니다.

용사와 이경혜 글, 송지영 그림의 그림책 『나는 돌입니다』를 함께 만나보았습니다. 못생기고 울퉁불퉁하고 꼼짝도 못 하는 바위인 자신이 싫다고 합니다. 살랑살랑 바람이면 얼마나 좋을까, 파릇파릇 풀잎이라면 얼마나 좋을까, 하늘하늘 꽃이라면 더 좋겠지만 나는 바위입니다. 늘 그 자리에 있는 자신이 싫다고 합니다. 바위 주변의 친구들은 시간의 흐름에 따라 변화가 있는데 자신은 늘 그 자리에 있으니까요.

친구들은 바위에게 따뜻하게 위로를 해줍니다. 언젠가 바다로 갈 수 있고, 지금과는 다른 모습일 수 있다고.

우리는 자신에게 있는 강점을 인정하지 못하고 타인의 것을 부러워하며 나를 돌보지 않습니다. 내 것을 온전히 바라보지 못해 나의 모습은 기능 없는 돌처럼 형편없다고 여깁니다. 타인의 옷을 입고 싶어 여기저기 시선을 돌립니다.

내가 지금 하는 노력, 관계, 일이 의미가 없다고 생각한 순간 그 자리에 멈춰있을 수밖에 없습니다. 시간이 걸리더라도, 더디게 한 땀 한 땀 시곗바늘이 움직여도 괜찮습니다. 이 용사 또한 자기 모습이 볼품없이 보일지라도 힘든 군 생활을 하루하루 잘 버티고 있습니다.

누구에게나 삶의 시간이 있습니다. 누군가는 나보다 빠르게, 또 누군가는 나보다 느리게, 그리고 나만의 속도가 있습니다. 지금 변하지 않는다고 그 자리에 머무르는 게 아니고, 좀 더 나은 모습이 되기 위해 자신의 속도대로 잘 나아가고 있다는 것을 기억하면 좋겠습니다.

┌─ **┃셀프테라피┃** ─────────────────────────────────

Q 나의 삶의 속도는 어떠한가요?

└──

[상담자가 건네는 마음]
우리의 속도대로 잘 가고 있고, 잘 자라고 있어요.

16. 선임 이름만 들어도 가슴이 두근거립니다

[바늘 아이]

입대 후 100일 휴가를 다녀온 용사가 갑자기 상담 요청을 해왔습니다. 신병 휴가를 간다고 들떠있던 모습은 사라지고, 고개를 푹 숙여 얼굴이 보이지 않고 전보다 더 시선 처리가 되지 않습니다. 그동안 무슨 일이 있었을까요?

보통 용사들이 첫 휴가를 다녀오면 전입해 왔을 때보다 더 힘들어하거나, 이제 군 생활에 적응해야겠다는 생각에 단념하는 용사들로 분류가 됩니다. 그래서 간부님들은 신병 위로 휴가를 보낼 때 긴장을 더 하기도 합니다.

이 용사는 전자의 경우로, 복귀 하루, 이틀 전부터 현타(현실 자각 타임)를 느끼며 힘들었다고 합니다. 어떤 용사들은 기차를 타고 오면서 현타를 느끼기도 합니다. 복귀하기 싫은 마음에 농담 반, 진담 반으로 이대로 탈영하고 싶다고 말하기도 합니다. 이 용사는 부대 복귀 후 격리하는 동안 생활관으로 돌아가면 '실수하면 어쩌지, 실수하면 선임들에게 한 소리 듣겠지'라는 두려움에 날카로운 도구로 손목에 상처를 내었습니다.

"호선씨, 지금 제일 힘든 부분이 뭘까요?"

"이제 군 생활을 못 할 거 같습니다. 저를 내보내 주세요. 맞선임 이름만 들어도 가슴이 두근거립니다. 숨을 못 쉬겠습니다."

숨 쉬는 게 고통스러운 듯 얼굴을 찌푸리며 울먹입니다. 용사는 전입해 왔을 때 다른 용사들보다 적응하는데 시간이 좀 더 필요했습니다. 같은 규칙을 전달해도 용사는 다른 뜻으로 해석해서 선임들에게 잔소리를 들었고, 행동이 느려서 선임들이 기다려야 했고, 같은 실수를 반복하기도 했습니다. 점점 자신이 한심하고, 짐이 된 거 같다고 했습니다. 그래도 주기적으로 상담하면서 용사가 관심 있었던 독서를 하면서 적응하려고 노력을 해왔습니다. 그 노력에 중대장님과 저도 격려를 많이 해주었습니다. 그랬던 용사가 이렇게 힘들어하니 제 마음이 더 아파져 옵니다. 휴가동안 가정에서 무슨 일이 있었는지 확인해 볼 필요도 있고, 걱정되었습니다.

현실에 아직 돌아가지 않았는데 미리 걱정하는 마음에 불안감이 커지고, 점점 머릿속에는 용사가 상상으로 만들어 놓는 최악의 상황들로 회로가 엉켜 있습니다.

용사가 현재 걱정하는 부분에 관해 이야기하다가 윤여림 글, 모예진 그림의 그림책 『바늘 아이』를 함께 만나보았는데요. 또래 친구들보다 작고 여린 윤이가 도랑 앞에서 멈칫합니다. 다른 친구들처럼 풀쩍 뛰어넘을 수 있지만, 도랑에 괴물이 있어서 두렵습니다. 용사도 윤이와 같은 마음이었을까요? 내 안에서 두려움이 더 큰 두려움을 낳아서 실체가 없습니다. 윤이에게만 보이는 괴물, 용사가 만든 괴물과 같겠지요.

윤이는 건너려다 도랑 안에서 은빛 바늘을 발견하는데요. 은빛 바늘을 손에 꼭 쥐고 숲속을 바람을 타고 가벼이 날 듯이 달려갑니다. 숲속 친구들과 함께 달려가다 보니 숲 꼭대기까지 갔네요. 그때, 손에서 바늘을 놓치고 다시 현실로 돌아옵니다.

도랑 앞에서의 두려움은 여전하지만 윤이의 마음의 크기는 달라져 있습니다. '폴짝'하고 도랑을 건너게 됩니다.

두려움의 크기는 저마다 다르게 입혀집니다. 타인이 느끼는 깊이보다 더 깊게, 더 큰 웅덩이로 생각될 때가 있습니다. 그 두려움을 마주하는 건 오롯이 '나'입니다. 은빛 바늘처럼 나를 도와줄 수 있는 누군가는 늘 내 옆에 있을 것입니다. 단, 그 존재를 알아볼 힘이 있는가, 그 존재의 마음을 받아들일 준비가 되어있는가를 자신에게 물어야 합니다.

그 전에 나에게 오롯이 집중하고 있는가를 생각해보길 바랍니다. 내가 진짜 원하는 것이 무엇인지 알 수 있을 것입니다. 그럴 때 우리는 은빛 바늘을 쥐고 두려움의 실체를 뛰어넘을 수 있는 내면의 힘을 발휘할 수 있을 것입니다.

용사는 공황 증상이 주기적으로 나타나서 현실적으로 필요한 부분이 병원 진료와 맞선임과의 분리라고 생각되었습니다. 부대에 지휘 조언을 했고, 빠르게 조치했습니다. 그리고 멘토를 정해서 용사의 군 생활의 전반적인 부분을 도움을 주고 있습니다. 속도는 느릴 수 있지만 포기하지 않고 나아가고 있습니다.

┌─┤ 셀프테라피 ├─────────────────────

　Q 내 안의 두려움의 크기는 어떠한가요? 실제로 마주했을 때의
　　크기와 비교해볼까요?

[상담자가 건네는 마음]

내 안의 두려움에 말을 걸어주세요. '○○아, 너 지금 두렵구나. 무섭구나. 괜찮아. 곧 괜찮아질 거야.' 이름을 붙여주고, 말을 걸어주면 크기가 줄어드는 마법의 효과가 있다고 합니다.

17. 힘들어요…

[함께]

며칠 전 밤 9:01에 문자가 왔습니다.

"힘들어요."

순간 핸드폰 액정에 메시지가 스쳐 지나갔는데 제가 잘못 본 줄 알았는데 아니었습니다. 한 용사의 메시지였습니다. 바로

"지금 어떤 상황이에요? 전화할 수 있어요?"

대답이 없어서

"호철씨, 마침 내일 호철씨 부대로 제가 가니까 만날까요?"

연락했지만 숫자 1은 사라지지 않았습니다. 간부님께 핸드폰을 제출하기 직전에 메시지를 보낸 것입니다.

여러 가지 생각들이 스쳐 지나갔습니다. 급한 상황인 건지, 지휘관께 연락해야 하는 건지, 제겐 현명한 판단이 필요했습니다. 얼마 전에 괜찮아져서 상담 종결을 했던 용사인데 이렇게 다시 연락을 온 것은 분명 많이 힘든 상태일 텐데…. 농담으로 말한 것

은 아닐 거고, 분명 고민 끝에 제게 연락을 했을 터. 다음날 출근 하면서 바로 부대에 연락하고, 바로 만날 수 있도록 상담 조정을 했습니다.

저는 그날 밤 잠을 잘 이루지 못했습니다. 한참을 뒤척였습니다. 용사가 걱정되고 마음이 쓰였습니다. 병영생활 전문상담관의 업무는 이렇게 퇴근 후에도 지속됩니다. 주말에도, 밤에도, 새벽에도. 아무런 일이 없으면 다행이라고 생각이 되고, 늘 긴장 상태에 놓여있습니다.

"호철씨, 힘들었을 텐데 제게 연락해줘서 정말 고마워요. 얼마나 힘들었어요! 지금 어떤 상황일까요?"

"지금 훈련소에 다시 있는 느낌입니다."

걱정을 안고 만났던 용사는 최근 변경된 부대 상황으로 다시 훈련소 생활을 하는 기분이라고 했습니다. 제가 훈련소 생활을 해보진 않았지만, 저도 군 상담 3년 차에 어느 정도는 머릿속으로 그림이 그려집니다. 용사들은 모든 것이 새롭고, 모르는 것 천지에, 긴장이 잔뜩 들어 불편감을 호소하고 있습니다. 그 용사는 여러 가지 상황이 갑자기 바뀌니 아주 혼란스럽고 감정 기복이 심해 보여 걱정되었습니다.

용사는 전입해 와서 군 생활에 부정적인 시선이라 저와 정기적으로 상담을 해왔고, 바뀌지 않는 환경이지만 자신만의 루틴을 만들어 적응하고 있었습니다. 훈련에서 우연히 외국어 실력을 발휘해서 군 생활을 하기 위한 동기를 끌어올리기도 했습니다. 하지만 이번 일이 용사에게 견디기 힘든 어려움으로 다가왔습니다.

사회에 있을 때부터 내재되어 있었던 우울감이 좀 더 심해져 가끔 자살에 관한 생각도 나기도 한다고 해서 제게 매일 '살아있다'라고 메시지를 보내달라고 했습니다. 용사의 상태를 확인하고 안부를 묻기 위해서입니다. 그것은 저와 함께 발걸음을 하자는 의미이지요. 용사도 싫지 않은지 거절하지 않았습니다.

용사와 루크 아담 호커 작가의 그림책 『함께』를 만나보았습니다. 이 책에서는 현재 우리가 겪는 코로나19처럼 거대한 먹구름의 폭풍우로 재앙을 마주한 일상을 살아가는 사람들의 모습이 보입니다. 폭풍우 앞에 사람들은 집에 갇히고, 점점 외로움과 불안, 두려움으로 세상을 바라봅니다. 하지만 사람들은 어떤 환경에 놓여도 일상을 살아가듯이 다시 천천히 움직입니다. 창문을 열어 서로의 안부를 묻고, 집안에서 악기를 연주하고, 음식을 하고, 대화를 나누고, 춤을 추고, 노래하지요.

비록 전과 다른 일상이 되었지만 혼자가 아닌 '함께'가 되어 외롭지 않습니다.

용사는 매일 제게 저녁 6시에 핸드폰을 받으면 "살아있습니다."라고 메시지를 보내고, 저와 간단히 대화합니다. 제가 재미있게 봤던 드라마를 추천하면 제게 영화를 추천해주었습니다. 자신의 취향이 아니라고 하더니 주말 동안 2화까지 봤다고 말해주었습니다. 일요일 하루는 메시지가 없어서 살짝 걱정되어 월요일에 출근하며 메시지를 보내놓았습니다. 퇴근할 때 근무가 있어서 정신이 없어 보낼 수가 없었다고 답장이 왔습니다. 안심되었습니다. 당분간 즐겁게 용사와 핸드폰으로 생존 신고를 하려고 합니다.

┌─ **Ⅰ셀프테라피Ⅰ** ─────────────────────

Q 내가 통제할 수 없는 상황을 어떻게 마주하나요?

[상담자가 건네는 마음]

너무 힘이 들 때 고개를 잠깐 돌리면 손잡아주는 누군가 있어요. 꼭 그 손을 잡아주세요. 다음에 그 빛을 누군가에게 전해주면 되어요.

18. 여자친구와 헤어질까 봐 두렵습니다

[시간이 흐르면]

전입해 온 용사들과 접수 면접을 진행하면서 상담신청서와 문장완성검사(SCT), 스트레스 자가검사를 함께 실시하는데요. 상담신청서에는 내담자의 정보를 전반적으로 파악을 하는데요. 가족 사항, 상담 경험 여부, 이슈 등을 포함하고 있습니다. 또한, 문장완성검사(SCT)에는 이성 친구에 대한 문항을 포함하고 있습니다. 그 부분에서 이성 친구의 여부와 이성 친구를 어떻게 생각하고 있는지를 알 수 있지요.

최근에 만난 용사는 상담신청서에 현재 가장 걱정되는 부분에 '여자 친구에게 의지를 많이 해서 걱정이다. 여자 친구와 헤어질까 봐 두렵다.'라고 적었습니다.

상담을 진행하다 보면 군대 오기 직전에 헤어졌거나, 1년~3년 정도 사귀고 있는 용사들도 있습니다. 최근에 만났던 용사도 여자친구가 있는데 1년이 넘었고, 여자친구와 어떻게 하면 잘 지낼 수 있는지 불안하다고 합니다. 이제 군 생활 시작인데 미리 걱정이 되나 봅니다. 아무래도 몸이 멀리 떨어져 있으니 당연히 걱정되겠지요? 용사의 걱정하는 마음이 이해되었습니다.

저도 군대에서 근무하고 보니 이제야 용사들이 이해되었어요. 용사들이 일과를 마치면, 때론 밤에 당직이 있거나, 탄약고 근무가 있으면 연락할 시간이 없다는 거죠. 그리고 후임일 때는 선임들 눈치를 조금이라도 보게 되고, 다 같이 모여 대화할 때 집중하다 보면 편하게 핸드폰을 할 수 없을 수도 있습니다. 여자친구들은 그 사정을 모르니 '한 문장이라도 보내줄 수 있는 거 아냐?'라고 생각할 수 있지만, 그 상황이 되면 어려울 수 있습니다. 그래서 용사들과 상담할 때 여자친구 관점에서 이해하기 어려울 수 있다고 이야기를 해주게 됩니다. 그리고 사소한 이야기라도 여자친구에게 자세히 이야기해 주면 좋겠다고 합니다. 그럴 때 용사들은 고개를 끄덕이며 귀 기울입니다.

때론 이성 친구에게 의지를 많이 해서 군 생활을 힘들어하는 용사도 있었습니다. 군대 오기 전에 거의 매일 만나다 떨어져 있으니 얼마나 보고 싶을까요? 그래도 요즘은 핸드폰을 사용할 수 있으니 없을 때보다 나은 편이지요. 또한, 코로나19로 한때는 면회도 통제였는데 얼마 전부터 가능해져서 조금은 만나는데 수월

해졌습니다. 점심 한 끼라도 얼굴 마주 보며 먹을 수 있으니 다행입니다.

"군 생활하는 동안 타인에게 듣고 싶은 말이 뭘까요?"

의례 전입해 온 용사들에게 하는 질문이고, 질문의 타깃은 간부나, 동료 용사들이었습니다. 다른 용사들의 대답은 "일 잘한다, 열심히 하고 있다."라는 인정의 말입니다.

그러나 이 용사는,

"면회 갈게. 휴가 빨리나와."

용사는 여자친구를 타깃으로 두고 대답을 했습니다. 현재 여자친구에게 집중이 어느 정도 되어있는지, 마음을 쓰고 있는지 알수 있습니다.

"지금 상황에서 성철씨와 여자친구가 할 수 있는 일이 뭐가 있을까요?"

"음···. 각자 자기 할 일을 잘하는 거겠죠···."

"맞아요. 용사가 답을 잘 알고 있네요. 각자의 자리에서 열심히자기 할 일을 하다 보면 시간이 흐를 거고 그러다 보면 휴가도, 면회도 빨리 다가올 거에요. 그리고 서로의 마음을 재는 게 아니라 마음이 시키는 대로 하면 좋겠어요."

용사와 이자벨 미뇨스 마르틴스 글, 마달레나 마토스 그림의 그림책 『시간이 흐르면』을 함께 만나보았는데요. 시간이 흐르면 변하는 것과 변하지 않는 것이 있는데요. 아이는 자라고, 연필은 짧아지고, 감자는 싹이 나듯이 음식의 맛, 사물의 겉모양은 변하지만 변하지 않는 것이 있어요. 시간이 흐르고 흘러도 변함없이 항상 곁에 있는 무언가가 있습니다. 그것은 무엇일까요?

용사와 여자친구가 서로를 신뢰하며 각자의 자리에서 충실하게 시간을 보낸다면 마음이 변하지 않을 거라 생각됩니다. 미리 불안해하기보다 서로를 믿는 과정이 필요할 것입니다.

| 셀프테라피 |

Q 시간이 흐르면………………….

Q 시간이 흐르면………………….

Q 시간이 흐르면………………….

[상담자가 건네는 마음]

시간이 흐르면 우리는 지금보다 더 성장해 있을 거예요. 그 시간을 상상해요.

19. 다른 사람의 시선이 원동력이 됩니다

"석진씨 괜찮아요? 지금 마음이 어떨까요?"

"사실 괜찮은 게 아닙니다. 괜찮은 척하고 있습니다."

용사는 학창 시절부터 타인의 시선에 예민하고, 인정욕구가 강해 힘든 일이 있어도 괜찮은 척하는 게 익숙하다고 했습니다. 지금도 온갖 힘을 내며 애써 괜찮은 척하고 있습니다.

성실하게 자신의 업무를 잘하며, 주변 용사들을 잘 챙기는 용사에게 군 생활 내내 꼬리표처럼 따라다니는 문제가 있습니다. 그 문제가 곧 해결이 될 것만 같았는데 다시 원점으로 돌아갔습니다. 개인적인 문제로 긴 터널을 지나왔다고 생각했고, 곧 끝나간다고 확신했는데 다시 또 긴 터널을 만난 상태입니다. 그 터널 앞에 용사와 함께 저도 서 있는 거 같습니다. 한숨을 푹푹 내쉬며 기운이 빠져있는 모습이 너무 안타깝습니다. 이번엔 용사와 저도 기대했던 결과가 있어서 다른 때보다 실망이 컸습니다.

"나는 석진씨가 너무 걱정되는데요. 너무 오랫동안 버티고 있어요. 지금껏 잘 해왔지만, 이번엔 좌절감이 클 거 같아서 석진씨가 쓰러질 거 같아요. 너무 힘들면 힘들다고 해도 돼요."

"제가 동료들에게, 부모님께 괜찮다고 말했어요. 그래서 괜찮아야 합니다. 말을 해놨기 때문에 괜찮아야 합니다. 말이 안 될 수 있는데 다른 사람 시선이 제겐 원동력이 됩니다. 이상한 논리라고 생각하실 수 있는데 그렇게 해야 제가 포기하지 않고 할 수 있겠더라고요. 담배도 끊겠다고 말해서 지금까지 안 피고 있고, 학교에서도 내세울 뭐가 없지만 발표해서 인정받기 좋아하고, 군대에 와서도 제가 제일 좋아하는 풋살도 해서 표창받았습니다. 그리고 또래 상담병도 상병 말 호봉인데 아직 더 하고 싶다고 대대장님께 말씀드렸습니다. 제가 다른 애들보다 나이도 있고, 전역하기 전까지 더 아이들에게 도움이 되고 싶습니다."

지금까지 잘 버티고 있는 용사였지만 조금은 지쳐있어 보여 안타까웠고, 힘을 빼도 괜찮다고 말해주고 싶었습니다. 그리고 다른 때보다 감정 기복이 보여 너무 힘들면 병원의 도움을 받아보자고 권했습니다. 그 부분은 용사에게 선택권을 주었습니다.

처음엔 걱정이 많이 되었지만, 용사의 말을 들어보니 타인의 시선이 오히려 원동력이 된다는 말이 타인의 시선에 예민하게, 섬세하게 반응하는 게 꼭 약점이 아니라는 것을 용사를 통해 생각의 전환이 되었습니다.

용사와 함민복 시, 한성옥 그림의 그림책 『흔들린다』를 만나보았습니다. 이 책에서는 나무의 온 가지가 바람결에 흔들리고 있습니다. 흔들리지 않으려 애쓰는 나무를 보며 우리의 삶을 닮았다고 생각했습니다. 그리고 각자의 삶에서 흔들리며 또 흔들리지 않으려 바들바들 떨며 버티는 우리를 떠올렸습니다. 굵고 잔가지를 땅 밑으로 뻗어 버티고, 잎을 넓게 흩트려 버티며 흔들리지 않으려 흔들리는 나무. 흔들리는 나무는 우리의 모습입니다.

하지만 바람결에 대항하며 힘을 주기보다 그 흐름에 몸을 맡겨 리듬을 타는 것도 또 다른 방법일 수 있겠다는 생각이 들었습니다. 온몸에 무리하게 힘을 주고 버티는 것보다 잠시 멈춤하고 내려놓고 인생의 파도에 몸을 맡기는 거죠. 저항하면 몸과 마음에 상처가 나서 회복하기에 시간이 오래 걸리기도 합니다.

지금 용사에게, 그리고 코로나19로 몸과 마음이 지친 우리에게 필요한 방법일 수도 있어요. 잠시 멈춤하고 바람결에 몸을 맡겨 보아요. 그 바람에 흔들리는 것도, 잠시 멈출 수 있는 것도 물론 각자의 선택입니다.

때론 함께 흔들리며 몸을 맡기는 것도 새로운 경험이 되어 다른 기회들이 생길 수도 있습니다.

┃셀프테라피┃

Q 흔들릴 때 나를 붙잡아 줄 수 있는 무언가가 있나요?

[상담자가 건네는 마음]

삶은 나의 상황, 나의 마음이 시키는 대로 조금씩 나아가는 거예요.

20. 하늘은 좀 더 편안한가요?

[나는 나는 새]

전역 후 하사가 된 용사가 상담실에 인사한다고 들렀습니다. 시간이 없다며 10분 잠깐 있다가 간다더니 1시간 넘게 이야기를 했네요. 그 용사와 그동안 어떻게 지냈는지 이야기하던 중 전역 후 교통사고로 이제는 볼 수 없다는 용사가 있다고 들었습니다. 그 용사에 대해 이야기를 하는데 제가 상담을 진행했던 용사였습니다.

"용사님, 잠시만요…. 얼굴이 기억나는데…. 이름도 기억이 나요. 호영씨 맞죠?"

자식과 손자를 먼저 떠나보낸 이들의 마음은 어떠할까…. 이런 경험이 처음이라 가슴이 먹먹해져서 한참 동안 말을 하지 못했습니다.

전역 후 친구와 함께 차를 타고 가다 교통사고가 나서 조수석에 앉아 있던 용사는 생명을 잃게 되었다고 합니다.

호영씨는 후임에게 장난을 치고, 편하게 했던 말투가 부조리로 신고가 되어 징계를 받아 근무대가 변경되어 상담을 진행했습니다. 처음 만났을 때 기운이 빠져 어깨가 축 늘어져 앉아 있던 모습이 그려지네요. 억울하다는 표정으로 그동안 이미지 관리를 하며 열심히 생활해온 게 모조리 부정당한 기분이라고 힘들어했습니다. 다시 시작하는 것에 대한 두려움이 컸습니다. 하지만 자기 잘못도 있기에 인정을 한다고 했습니다.

군대에는 정기적으로 '마음의 편지'라고 용사들이 군 생활을 하는 동안 불편한 사항에 대해 건의할 수 있도록 익명으로 작성하는 편지가 있습니다. 평소 용사들 또는 간부님들 사이에서 직접 말로 표현하기 어려운 이야기나 불편하거나 불만족스러운 부분을 꺼낼 수 있는 시간입니다. 부대에서는 마음의 편지의 내용을 수합해 조치를 취해야 합니다. 내용을 살펴보면 그동안 선임/후임 간의 부조리, 간부님들이 함부로 대했던 일, 군대 생활에 대한 불편함이 단골손님이지요. 이 용사도 마음의 편지로 인해 징계받게 된 것입니다.

타 근무대로 옮겨져 어색하고 낯설지만 얼마 남지 않은 군 생활을 잘하고 싶은 마음이 컸습니다. 또 징계받으면 안 되니까요. 다행히도 새로 맡게 된 업무를 성실히 해내서 인정받고 있었습니다. 외향적인 성향으로 사람들에게 먼저 다가가는 편이어서 흡연을 할 때 용사들과 대화하며 관계를 만들어가고 있었습니다.

용사와 꿈과 진로 이야기를 하다가
"호영씨는 어떤 어른이 되고 싶어요?"
"같이 있으면 편안한 사람이 되고 싶어요."
"누구와 있을 때 가장 편안할까요?"
"어렸을 때부터 할머니와 살아서 그런지 할머니요. 아버지는 늘 바쁘셨어요. 지금도 바쁘셔서 같이 있으면 어색합니다. 무슨 이야기를 해야 할지 모르겠습니다."

용사는 유아기에 부모님의 이혼과 아버지의 재혼으로 양육자가 계속 바뀌는 경험을 해야 했습니다. 혹시나 자신을 두고 떠나지 않을까 늘 불안했습니다. 함께 사는 아버지는 다시 이혼하시고 할머니께서 주 양육자가 되셨습니다. 그래서 늘 늦게 오시는 아버지와 있으면 불편하고 할 말이 없습니다. 그리고 자주 혼나다 보니 가장 두려운 대상이 아버지였다고 합니다.

용사와 조우 작가의 그림책 『나는 나는 새』를 만나보았습니다. 새장 안에서 날갯짓할수록 답답해하는 새가 있습니다. 새장을 나와 구조물을 피해 훨훨 날고, 높이높이 날갯짓을 하며 날아갑니다. 하지만 물고기도, 원숭이도, 양도 여기가 더 좋은 곳이라고 가지 말라고 합니다. 동물 친구들의 말이 이해되기 시작했습니다. 아무리 날아올라도 책 속이었습니다. 새는 날아야 하는 나는 나는 새인데 아무리 날아도 책 속에 갇혀 있습니다. 하지만 어떤 일이든 간절한 마음으로 노력을 한다면 가능하기도 합니다. 결국 '나는 나는 새'는 자신의 의지로 넓은 세상을 향해 날아가게 되지요.

용사가 하늘에서는 크게 날갯짓하며 훨훨 날아다닐 수 있기를, 좀 더 편한 사람들과 보살핌을 받으며 자기 삶을 살기를 바랍니다.

┌─ |셀프테라피| ──────────────────────────
│
│ **Q** 나는 나는 새가 된다면 어디로 날아가고 싶으신가요?
│
│
│
└──────────────────────────────────────

[상담자가 건네는 마음]
간절히 원하는 마음에 노력을 더한다면 원하는 모습에 가까이 다가갈 수 있습니다.

21. 지옥 탈출, 성공!

[삶은 달걀과 호박]

"그동안 감사했습니다. 드디어 지옥 탈출, 성공! 상담관님 안 계셔서 음료수 두고 가겠습니다. 건강하세요."

연차를 사용하고 다음 날 출근하는 길에 상담실 문 앞에 비타민 음료와 메모지가 있었습니다. 메모를 읽고 한 용사가 떠올라 미소를 지었습니다.

전입 후 상담에서 만났고, 코로나19로 상담실에 소독 병으로 거의 매일 왔던 용사였습니다. 유머러스하고, 편안하고, 예의가 바른 용사였습니다. 고맙게도 저를 잊지 않고 찾아와 주었는데 만나지 못해 아쉬운 마음이 들었습니다. 이렇게 정들었던 용사들과의 이별은 3년째인데도 여전히 익숙해지지 않습니다. 상담을 받고 전역할 때 감사했다며 인사를 하고 가는 용사들한테 정말 고마운 마음이 들고 상담관으로서 보람된 순간입니다.

상병 말 호봉부터는 시간이 잘 가지 않는다고 입버릇처럼 말하던 용사의 시간은 어느새 1년 6개월이 지나 군 생활을 마무리하게 되었습니다. 전역병 미래설계 교육에서도 만나고, 마지막으로 성격유형 검사(MBTI)를 다시 해보고 싶다고 해서 상담을 진행했습니다. 좀 더 진지한 장면에서 만날 기회여서 제게도 반가운 시간이었습니다.

용사는 부모님이 어렸을 때 이혼을 하셔서 어머니와 형과 살고 있고, 따로 결혼해서 다른 지역에서 살고 계시는 아버지를 각각 챙겨야 하는 부담감과 가족들의 간섭으로 답답함을 호소했습니다.

"잠시 거리를 두었던 현실로 돌아가야 하는데 용사 마음이 어떨까요?"

"전입해 와서 상담관님께서 처음에 말씀하셨던 것처럼 생각의 전환, 군대를 피난처로 생각해보기로 했습니다. 그동안 잠시 가족에 대한 부담감을 내려놓고 있었습니다. 사회에 있는 형이 제대로 부모님을 챙기지 않을 거라는 불안감이 있었는데, 그렇다고 제가 지금 나가서 해결할 수 있는 일이 아니지 않습니까. 그리고 떨어져 있으면서 제가 잘 지내는 모습을 보여주니까 가족들 간섭이 좀 사라지는 거 같습니다. 참 신기합니다."

용사와 안소민 작가의 그림책 『삶은 달걀과 감자와 호박』을 만나보았습니다. 제목처럼 삶을 음식으로 표현을 하고 있는데요. 우리가 살아가는 삶을 음식의 겉과 속으로 비유해서 다양한 모습을 그려내고 있습니다.

삶은 달걀이라면 겉모습만 보고 알 수 없고, 호박이라면 단단한 껍질 속에 달콤함이 숨어있고, 파스타라면 딱딱함은 어느새 부드러워진다고 합니다.

삶이 연근이라면 마음이 뻥 뚫린 것처럼 공허하지만, 콩나물이라면 때론 어둠이 필요할 때도 있고, 콩이라면 인생은 함께이면서 또 홀로라고 합니다. 그 앞에 무엇이 펼쳐지는지 누구도 알 수 없다고 합니다.

삶은 정해진 답이 없듯이, 각자의 삶의 방식대로, 삶을 대하는 방식대로 삶의 모양이 만들어지겠지요.

"민호씨의 어제, 오늘, 내일의 삶의 모양을 표현해 본다면 어떻게 될까요?"

"음…. 어제는 바람이 빠져서 쪼글쪼글한 풍선이라고 하겠습니다. 그리고 오늘은 바람이 어느 정도 채워진 풍선? 내일은 좀 더 채워져서 빵빵한 풍선이라고 하겠습니다. 어렵네요."

"왜 이렇게 생각하세요?"

"음…. 예를 들면 전에 아버지를 대할 때 많이 불편했습니다. 그런데 자식이니까 어쩔 수 없이 만났는데. 이번 휴가 때 만났는데 아버지 새 가족들과 좀 더 편해진 저를 보았습니다. 이제 환경을 받아들이게 된 거죠. 그분들도 잘 해주셔서 그 영향도 있는 거 같습니다. 그래서 희망이 보였다고 할까요."

용사가 삶을 대하는 태도는 수용적이고 적극적이었습니다. 복잡했던 환경이 생각의 전환으로 정리가 되고, 정서적인 안정도 찾게 되었습니다.

파도타기 하듯이 삶의 여정도 오르고 내리고를 반복할 것입니다. 어제는 지옥 같은 날일지라도, 오늘은 해가 쨍쨍 내리쬐는 행복한 날, 내일은 또 비가 내릴지도 모르겠네요. 그런데도 우리는 오늘을 살아가고 있습니다.

나의 삶은 스스로 만들어가는 것입니다. 잊지 말아 주세요.

Q 나에게 어제의 삶은 _____다.

Q 나에게 오늘의 삶은 _____다.

Q 나에게 내일의 삶은 _____다.

[상담자가 건네는 마음]

내 삶의 모양은 정해진 게 아니라 스스로 만드는 거예요. 주체적으로.

22. 군대에서 시간 낭비를 할 수가 없습니다

[바다로 간 페넬로페]

"밖에서 해야 할 게 많습니다. 시간이 아깝습니다."

키가 185cm 정도 되어 보이는데 체형은 매우 왜소해 보이는 용사와 만났습니다. 사회에서 대학을 졸업 후 방송 댄스를 하고 온 용사는 군대에 있는 시간이 아깝다며 불만을 토로합니다. 지금 이 시간에도 자신보다 더 어린 후배들이 올라 올 것이고, 군대에 오기 전까지 일을 많이 하고 있었다고 합니다. 전역하고 나면 더 유명한 사람들이 많아질 거고, 점점 잊히게 되면서 자신의 자리는 없어지는 거 아니냐며 불안해하고 있습니다. 용사의 마음이 이해되지만 지금 당장 나갈 수 없는 이 상황을 받아들여야 하는데 많이 힘들어 보입니다. 주변 선임들도, 간부님들도 용사의 마음을 이해한다고 위로하지만, 용사는 답답합니다.

자신은 사회에서 연예인들과 일하며 돈을 많이 벌었고, 실력을 인정받고 있었는데 군대를 오면서 커리어가 중단되어 아무것도 아닌 사람이 되는게 싫다고 합니다. 그래서 군대에 오지 않으려고 살을 무리하게 빼기도 했다고 합니다. 하지만 결국 피할 수는 없었다고 합니다.

그 자리에 오르기까지 밑바닥부터 열심히 노력하며 자리를 힘들게 잡았는데 이제 그 자리를 내려놔야 하니 얼마나 고통스러웠을까요. 용사는 그 마음의 고통이 너무 깊어 결국 몸의 고통으로, 공황증세까지 보이게 되었습니다.

제가 한 일은 지휘관께 용사의 상태를 객관적인 시선으로 말씀드리고, 용사가 원하는 민간병원 진료를 보장해달라는 요청을 드린 것입니다. 다행히 부대에서 배려가 되어 훈련이 있는 기간이었지만 휴가를 나가게 되었습니다.

휴가를 다녀와서 2번째로 만났을 때 다행히 용사의 얼굴은 좀 더 편해 보였습니다. 상담실에 들어오자마자 쏟아내듯 말을 하는 용사는 1회기 때 했던 말을 다시 반복합니다.

"지금 용사가 가장 힘든 부분이 뭘까요?"

"시간과 자유를 제한받는 부분입니다. 부대에서 많은 제안을 해주셨습니다. 연습을 할 수 있도록 체육관을 사용할 수 있게 해주겠다, 개인 정비 시간을 좀 더 주겠다. 하지만 전처럼 할 수가 없습니다.”

“민성씨 어떻게 전과 같을 수 있을까요? 이야기를 들어보니 부대에서 배려를 많이 해주셨는데 용사는 전혀 양보하지 않는 거 같은데요. 제 말이 어떻게 들리세요?”

“……(침묵). 상담관님 말씀이 맞습니다. 정말 감사하게 생각하고 있습니다. 그래서 사실 고민을 하고 있습니다. 대대장님과 면담을 얼마 전에 했는데 현부심(현역 부적합심사)에 대해 말씀을 드렸습니다. 이대로 있다가 남은 군 생활을 못 할 거 같아서…대대장님은 고려해보시겠다고 했습니다. 이번 주까지 결정해야 합니다. 사실 현부심에 대해서 많은 생각이 있었는데 상담관님과 말하면서 정리가 되고 좀 더 확실해지고 있습니다.”

이 말을 하는 용사의 얼굴은 좀 더 자신을 객관적으로 보려는 듯한 모습이었습니다. 내담자들의 이런 모습은 상담관으로서 희망적이라고 할까요!

용사는 지금 자신이 처한 환경이 싫다고 하면서도 자신에게 주어진 역할은 충실하게 해왔습니다. 훈련소에서부터 표창장을 받을 만큼 다른 용사들에게 모범이 되기도 했습니다. 또한, 현재 전입해 와서는 선임들에게 인정받으며 생활하고 있다고 자신도 말하기도 했습니다. 이렇게 적극적으로 하는 용사가 군 생활에서도 빛이 나길 바랐습니다. 충분히 그럴 수 있다는 확신이 들었습니다.

사회에서 활동했던 것처럼 용사가 군대에서 생활할 수는 없습니다. 환경에 맞게 나아가면 자신의 속도를 찾을 수 있을 것입니다.

용사와 세마 시르벤트 라구나 글, 라울 니에토 구리디 그림의 그림책 『바다로 간 페넬로페』를 만나보았습니다. 이 책에서 아이는 자신의 의견을 말하지 못하고, 타인들의 의견을 들어야 하는 환경에 있습니다. 바뀌지 않는 환경에서 그저 묵묵히 시키는 대로 하면 편할 수도 있겠지요. 하지만 내면의 목소리는 작은 돛단배를 탈지라도 바다로 나아가라고 합니다.

꼼짝할 수 없거나, 실패가 비록 눈에 보일지라도 포기하지 않는 용기는 우리를 성장시킬 수 있습니다. 비록 내가 있는 곳이 거칠고 칠흑의 바다 한 가운데일지라도 그 안에 빛나는 우리가 있을 것입니다. 물론 늘 열심히, 애쓰며 사는 것은 중요합니다. 하지만 어쩔 수 없이 쉬어야 할 때도 있고, 내려놓아야 할 때도 있습니다. 그 상황을 마주하고, 잠시 멈추길 바랍니다. 그 안에서 우리는 빛을 잃지 않습니다. 지금껏 열심히 살아온 사람들은 그 환경 안에서도 열심히 살아갑니다.

그 빛을 다시 찾아갈 수 있습니다.

|셀프테라피|

Q 잠시 멈추어 서서 주위를 둘러보세요.
무엇이 기다리고 있나요?
무엇이 보이나요?.

[상담자가 건네는 마음]
지금의 자리에서도 충분히 당신은 빛날 수 있습니다.

23. 힘들다는 걸 누군가에게 얘기하고 싶었습니다

[안녕, 돌멩이야]

"사회에서처럼 행동했더니 찍혔습니다. 군대 와서 대인기피증이 생겼습니다."

손톱을 계속 만지작만지작하고, 시선은 이리저리 불안정하게 움직입니다. 입은 웃고 있지만, 눈에는 슬픔이 가득 묻어 있습니다. 용사는 자기 능력을 사람들과의 친화력이라고 할 만큼 다른 용사들과 잘 지내고 싶은 마음이 커 보입니다. 그러나 전입해 온 후 사회에서처럼 농담하며 편하게 사람들에게 다가갔더니 몇몇 선임들에게 좋은 모습으로 보이지 않았나 봅니다. 선을 넘었다는 얘기를 듣기도 했습니다. 뒤에서 자신에 대해 얘기하는 소리가 들리기 시작했고, 신경을 쓰고 싶지 않지만, 자신도 모르게 신경이 쓰여 속상합니다.

그 이후 애써 괜찮은 척하고 있지만 사실 괜찮지 않습니다. 괜찮은 사람인 척 가면을 쓰고 있는 거 같아 불편합니다. 그래도 잘 해 주는 몇몇 선임들이 있지만 만족스럽지 않습니다.

"용사가 이 상황을 극복하기 위해 선택한 방법이 뭘까요?"

"이미 이미지가 안 좋게 된 거 어쩔 수 없다고 생각합니다. 그런데 화도 나고, 속상합니다. 요즘은 잠도 잘 오지 않습니다. 늦게 잠들고, 새벽에 깨고 있습니다. 힘들어서 신경 쓰지 않으려고 하고 있고, 운동 열심히 하고, 책 읽고, 연등하면서 일본어 공부하고 있습니다."

"용사만의 방법으로 잘 보내보려고 노력하고 있네요. 어떤 부분에서 화가 나고 속상할까요?"

"음... 제가 그들과 잘 어울리지 못하는 거 같습니다. 사회에 있을 때는 사람들과 잘 지내고, 리드도 하고 아무 문제 없었습니다. 최근에 훈련에서 다리를 심하게 접질렸는데 그것도 뒤에서 사람들이 뭐라고 합니다. 저는 다리가 아파도 근무를 빠지는 거 없이 열심히 하고 있는데 말이죠(이야기하는 내내 눈물이 흐르고 있음). 가끔 죽고 싶다는 생각도 하게 됩니다."

"이미 관계에 균열이 일어났네요. 용사에 대해 오해하고, 좋지 않게 생각하는 선임들과의 관계를 회복하는데 몰두하기보다 지금 하고 있는 관계를 잘 유지하는 것에 대해 생각해보면 어떨까요?"

사회와 군대를 비교해본다면 사회라는 환경은 선택할 수 있다는 것입니다. 예를 들면 보고 싶지 않은 사람, 원하지 않는 환경이 있으면 피해 가거나 다른 선택을 할 수 있습니다. 하지만 군대라는 환경은 다양한 사람들이 모여있고, 그들과 24시간 내내 붙어 있는 환경을 피할 수 없습니다. 그래서 많은 용사가 힘들어하는 부분입니다. 단체생활에서 선택을 쉽게 할 수 없고, 자유롭지 않다 보니 서로 상처를 주지 않도록 배려를 해야 합니다.

생각을 전환해 보면 이 환경을 부정적으로만 볼 게 아니라 각양각색의 색깔을 지닌 사람들이 모여있으니 관계를 다양하게 경험하며 대인관계의 폭을 넓힐 수 있습니다.

용사와 주세페 칼리체티 글, 노에미 볼라 그림의 그림책 『안녕, 돌멩이야』를 만나보았습니다. 주인공 아이가 돌멩이를 발견했어요. 아이는 돌멩이와 친구가 되기 위해서 관심을 갖고 대화를 합니다. 거리를 좁히기 위해 돌멩이의 안으로 들어가고 싶어 하지만 돌멩이 자신의 안에는 자신으로 가득 차서 다른 사람이 들어올 수 없다고 냉정하게 거절합니다.

돌멩이의 거절에 포기하지 않고 아이는 계속 관심을 보입니다. 냄새를 맡아도 되는지, 나이는 몇 살인지, 심장이 있는지 등등 하나씩 질문을 합니다. 돌멩이가 대답해주자, 아이는 또 친해진 거 같아 "우린 친구지?"라고 묻지만, 돌멩이는 만났다고 다 친구가 아니라고 합니다. 친구가 되려면 서로 돌봐줘야 한다고 이야기합니다. 돌멩이가 바운더리(경계)를 건강하게 설정하고 있네요.

돌멩이가 돌봐주는 방법을 아이에게 이야기해 주는데요. 귀 기울여 들어보면 우리가 대인관계를 하는 방법과 닮아있습니다. 자주 바라보고, 가끔 쓰다듬어 주기도 하고, 소중하게 다루어야 합니다. 그리고 함께 많은 시간을 보내야 관계가 형성됩니다.

대인관계에는 혼자만의 생각으로 거리를 조절할 수 없습니다. 상대에 대한 배려, 상대의 성향에 따라 받아들이는 마음의 모양이 다를 수 있습니다. 나의 모양과 다르다고 실망하기보다 상대를 자세히 들여다보며 천천히 마음의 모양을 맞추어가길 바랍니다.

┌─ **┃셀프테라피┃** ──────────────

Q 나의 대인관계 패턴은 어떠한가요? 먼저 다가가나요?
　　기다리나요?

[상담자가 건네는 마음]

마음의 모양은 사람마다 달라서 나의 좋은 의도가 상대에게 닿지 않을 수 있어요. 그래도 우리 포기하지 말아요.

24. 누군가 한 명은 들어주는 사람이 있으면 좋겠다고 생각했어요

[나의 아기 오리에게]

"상담관님~ 한재영입니다. 들어가도 되겠습니까?"

한 용사가 수줍게 눈웃음을 지으며 문을 열고 들어오는데 정확히 누구인지 보이지 않습니다. 마스크를 쓰기도 했고, 잘 보이지 않습니다. 문으로 걸어가며 전투복에 씌워진 이름을 재빠르게 보았더니 제가 상담했던 용사였습니다.

반가운 마음에,

"재영씨! 오랜만이에요!"

"상담관님, 저 내일 전역합니다. 인사드리러 왔습니다!"

이 말을 전하면서 용사는 상담실을 여기저기 누비며 한자리에 서 있지 못합니다. 음료수 한 병을 내밀고 부끄러운 듯 눈을 맞추지 못합니다. 마스크 너머로 살짝 광대가 올라갔고, 미소가 보입니다.

"와~드디어 전역하는군요! 축하해요!"

전역은 용사들 만큼은 아니지만 제게도 참 반가운 마음입니다. 1년 6개월의 시간을 어떻게 보냈을지 상상이 되거든요. 군대라는 환경에서 용사들은 시키는 일을 해야만 하고, 원하지 않은 일이고, 원하지 않는 환경에 놓인 20대 후기 청소년, 청년들은 선택권이 별로 없습니다. 그 안에서 살아남기 위해서 자신만의 방법으로 그 시간을 보내야 합니다.

누군가는 사회에서 대인관계를 해왔던 방식대로 살아가기도 하고, 누군가는 그 방법으로 했다가 선임에게 잘못 보여 전입해 오자마자 힘든 시간을 보내는 용사들도 있습니다. 대인관계 패턴의 예를 들어보면 내향성이 높은 용사들은 타인에게 먼저 다가가기보다 조심스럽게 경계를 지키며 시간이 걸리더라도 스스로 준비가 될 때까지 기다립니다. 반면, 외향성이 높은 용사들은 사회에서 또래 관계에서 했던 것처럼 선임들과의 관계에서도 먼저 다가가 편하게 하고 싶어 합니다. 또래 관계에서는 통했던 방식이 군대에서는 다양한 지역, 성향, 나이, 직업, 계급사회의 외부환경의 영향이 있다 보니 걸림돌로 인해 어려움이 생기게 됩니다. 이럴 때 외향성이 높은 용사들은 대부분 당황해하며 대인관계의 어려움을 호소하고 있습니다. 군대라는 사회는 대인관계에서 어떤 성향이든 어려움이 있을 수 있지만, 그것의 크기와 색깔은 자신이 만들어가는 거라고 생각합니다.

용사는 전입해 와서 단체생활을 해야 하는 군 생활이 너무 힘이 들어 자살을 생각하기도 했고, 현역부 적합 심사를 생각하기도 했습니다. 하지만 자신의 상태를 알면 폐급(군대에서 쓰레기라는 의미로 쓰임)으로 취급될까 봐 그 누구에게 알리지 못하고 마음속에 끌어안고 있다가 화산이 폭발하듯 고통스러울 때 상담실로 찾아왔습니다. 위기 상담인 만큼 매주 상담을 진행했습니다.

"그때는 제가 처음에 너무 예민했던 거 같습니다. 하하하. 얼마 전까지 분대장도 했습니다. 잘 지냈습니다. 누군가 한 명은 제 얘기를 들어주는 그것만으로도 도움이 되었습니다. 상담관님 생각해보니 의사들이 아픈 환자들만 보면 지치는 것처럼 상담관님도 너무 힘들 거 같습니다. 괜찮으십니까?" (용사는 미안한 표정을 지으며 묻습니다.)

"사실 힘들지 않다면 거짓말이지요. 하지만 용사들이 저와 만나서 잘 지내는 모습을 보여주고, 상담하고 그 다음 회기에 좀 더 편안해진 모습으로 상담실에 온다면 저는 보람을 느껴요. 그리고 이렇게 전역한다고 인사 오면 정말 감동이에요. 그리고 상담사도 당연히 소진되지요. 꾸준히 저희보다 더 전문가인 수퍼바이저께 상담도 받고, 수퍼비전*도 받아요. 상담사들끼리 동료 수퍼비전

---

* 전문 상담자가 되고자 하는 상담자에게 좀 더 전문적이고 숙련된 슈퍼바이저가 상담 수련생의 상담 수행 능력을 올리기 위해서 제공하는 평가적이고 교육적인 모든 활동

도 해요. 어느 직업이나 사명감과 소명 없이는 일하기 힘들지 않을까요."

용사는 제 대답이 신기하다는 듯 눈을 크게 뜨고 쳐다봅니다.

이제 전역을 앞둔 용사에게 코비 야마다 글, 찰스 산토소 그림의 그림책 『나의 아기 오리에게』를 선물하고 싶습니다. 이제 알을 깨고 나온 아기 오리에게 따뜻한 격려의 메시지를 전하고 있습니다. 자신을 믿고 새로운 것을 시도하고, 좋아하는 일을 하면 자신을 찾을 수 있다고 합니다. 조금씩 노력을 해 나가면 더 성장할 수 있다고 이야기합니다. 그리고 타인을 위한 행동은 따스한 감정으로 연결이 되고, 행복해질 수 있다고 합니다. 더 나아가 꿈꾸던 모습보다 더 나은 모습이 될 거라고 합니다.

비록 우리도 작은 아기 오리의 존재일지라도 자기 내면의 힘으로 자신 앞에 펼쳐진 세상을 조금씩 마주하며 나아간다면 마음의 근육은 점점 단단해질 것입니다.

Q 세상을 살아가는 아기 오리인 나에게 하고 싶은 말은?

[상담자가 건네는 마음]

아기 오리는 오늘도 자신의 속도로 나아가고 있고, 잘 자라고 있어요.
기억해주세요.

25. 자격증같이 대단한걸 딴 건 아니지만⋯

[끝의 아름다움]

"상담관님, 저 언제 상담 있습니까?"
"상담관님, 저 근무 때문에 상담 일정 변경하러 왔습니다."
"상담관님, 저 운동하러 가는 길에 들렀습니다. 후임 OO 때문에 머리가 아픕니다."

다른 용사들보다 상담에 적극적인 용사는 상담 일정과 근무가 겹치거나, 변경이 생기면 늘 먼저 와서 제게 알려주었습니다. 그리고 간부님들이 잊고 전해주지 않았을 때를 제외하고 상담에 늦거나 빠진 적이 없었습니다.

용사는 자신을 신경이 날카롭고, 강박이 있고, 많이 예민하다고 표현합니다. 대인관계에서도 상대방이 자신의 바운더리를 무너뜨리고 넘어오면 못마땅하고, 거리를 많이 둔다고 합니다. 학창 시절부터 이런 이유로 우울했다고 합니다.

오늘은 전역을 앞둔 용사와 마지막 회기 상담을 진행했습니다.

"상진씨, 1년 6개월의 군대 생활을 어떻게 정리해볼까요?"

"자격증처럼 눈에 띄는 결과물을 얻거나, 영어 공부를 했다거나 대단한 걸 하지 못했지만 나름 괜찮았습니다. 알차게 보냈다고 생각합니다. 후임 때는 다행히 선임들을 잘 만났습니다. 그런데 보기 싫은 사람과 지내는 건 좀 힘들었습니다. 안되는 건 안되는 거라는 것도 배웠습니다. 하하. 그리고 제가 굉장히 예민한 사람이라는 것도 다시 한번 느끼게 되었습니다. 하지만 그게 이상하다고 생각하지 않습니다. 저는 저의 모습대로 잘 지냈다고 생각합니다."

용사의 말이 어떤 의미인지 저도 어느 정도는 알 거 같습니다. 용사는 1년 6개월의 군 생활하는 동안 자신이 할 수 있는 범위 안에서 생활을 해왔으리라 생각합니다.

저는 다른 사람들보다 좀 더 예민한 성향의 사람들을 표현할 때 '온몸에 불이 켜졌다'라고 하는데요. 상담 장면에서 내담자들이 자신의 이야기라며 고개를 대부분 끄덕입니다. 온몸에 센서가 있어 살짝 건드려져도 불이 켜지듯 타인의 시선에 자신도 모르게 하나하나 반응하며 괴로워하고 있는 자신들의 모습이라고 합니다. 이런 성향으로 단체생활을 하고, 개인 공간 없이 갇혀 살아야 하니 얼마나 괴로울까요? 한참 놀고 싶고, 하고 싶은 게 많은 젊은 나이인데 말이지요.

우리는 원하지 않는 환경을 만나면 원망할 대상을 만들어 화살을 쏘곤 합니다. 그 대상이 내가 되기도 하고, 가까운 가족이 되기도 하고, 약한 대상이 되기도 합니다. 그 환경은 사실 바꾸기 어렵겠지요. 비록 원하지 않았던 환경이지만 앞으로의 시간을 '나만의 시간'으로 만들어가기 위해 생각의 전환을 하고, 방향을 바꾼다면 좀 더 의미 있을지도 모르겠습니다.

알프레도 코렐라 글, 호르헤 곤살레스 그림의 그림책 『끝의 아름다움』을 만나보았어요. 100살이 된, 니나라는 거북이는 수많은 여행을 해왔습니다. 그리고 이제 여행이 끝나간다는 것을 알았습니다. 그래서 '끝의 의미'를 찾아 여행을 떠납니다. 여행길에서 개미, 애벌레, 나비, 제비, 뱀, 꾀꼬리, 강물을 만났고, 그들은 각각 끝에 대한 자신만의 대답을 들려주었습니다.
누군가는 끝이 나쁜 것이고, 방향을 바꿔야 하는 순간이기도 하고, 모든 일에는 끝이 있다고 말합니다. 거북이 니나가 원하는 끝의 의미를 찾게 되었을까요?

여러분에게는 '끝'은 무엇인가요? 끝을 정의하려면 시작이 있었겠지요?

우리는 시작이라는 출발선을 열심히 달려왔기에 끝이라는 장소에 도착했습니다. 그 시간 동안 최선을 다해 달려왔을 거라 생각합니다.

시작과 끝 사이의 시간 동안 수많은 노력을 해온 자신을 따뜻하게 안아주세요. 충분히 잘 해왔다고 자신에게 말해주세요.

┌─ **|셀프테라피|** ─────────────────────────────┐
│   │
│ **Q** 나에게 끝의 의미는 무엇인가요?   │
│   │
│   │
│   │
└──┘

[상담자가 건네는 마음]

끝은 시작의 또 다른 이름입니다.

26. 지금까지 이렇게 힘든 적이 없었습니다

[레미 할머니의 서랍]

"제가 조울증이 있는데요. 하루에도 몇 번씩 기분이 왔다 갔다 합니다."

이 용사는 전입해 온 지 2주 정도 되었고, 다른 용사들과 달리 본인이 직접 상담을 신청하였습니다. 자주 있는 일이 아니어서 어떤 어려움이 있는지 궁금했습니다.

접수면접지의 '현재 당신이 느끼고 있는 증상을 체크해 주세요.'라는 항목에 용사는 미간을 찌푸리며 한참을 생각하다 체크를 합니다. '우울, 절망감, 혼란스러움, 기운 없음'

용사에게 어떤 의미인지 물어보고, 이야기를 들어봅니다. 교육대학교를 다니다 휴학하고 온 용사는 자신이 행정병이나 운전병이 될 것이라고 예상을 했다고 합니다. 그러나 취사병, 즉 조리병의 보직을 맡게 된 것입니다. 전혀 생각하지 못했던 보직이어서 혼란스럽고, 절망스러웠다고 합니다. 원하던 일이 아니니 어디에서부터, 뭐부터 해야 할지, 사회에서 라면을 제대로 끓여 본 적도 없고, 설거지를 해본 적도 없는데 잘 할 수 있을지 걱정이 태산입니다. 그러다 보니 용사의 마음은 너울이 이는 바다 같습니다. 하루에도 몇 번씩 크고 사나운 물결이 오르고 내리고 반복합니다.

누구나 한 번도 해보지 않은 업무에 대해 부담감이 당연히 클 거라 생각합니다. 군대라는 환경은 사회보다 어렵고 더 긴장될 수 있습니다. 사회는 원하지 않으면 취사선택할 수 있지만 군대는 불가능합니다. 전입해 온 부대는 동기와 함께 생활했던 훈련소보다 더 긴장되는 곳입니다. 후임의 위치에서 선임, 간부님들과 함께 생활해야 하는 부분은 용사들에게 스트레스 상황입니다. 어쩌면 용사들은 20년의 인생 기간 동안 가장 고통스럽고, 가장 어려운 시간을 보낼 것입니다.

"상담을 신청한 특별한 이유가 있을까요? 용사에게 지금 가장 힘든 부분이 뭘까요?"
"저녁에 일과가 끝나면 하루를 잘 보냈다는 생각이 들기도 하는데, 낮에는 기분이 가라앉습니다. 취사 생각하면 답답합니다. 병원에서 진단받은 적은 없지만, 조울증이라고 생각이 들었습니다. 지금까지 이렇게 힘든 적이 없었습니다. 제가 잘 할 수 있을지 모르겠습니다. 선임들께 도움이 될지 모르겠습니다."

용사는 자신이 쓸모없는 사람이 될까 봐, 부족한 사람으로 보일까 봐 두렵습니다.

용사와 사이토 린/우키마루 글, 구라하시 레이 그림의 그림책 『레미 할머니의 서랍』을 함께 만나보았어요.

레미 할머니의 서랍에는 초콜릿을 담았던 작은 상자, 바삭바삭한 쿠키를 담고 있었던 깡통, 과일 맛 사탕이 있었던 빈 병, 장미꽃다발을 묶었던 노란 리본, 스웨터였던 빨간 털실 뭉치 친구들의 쓰임에 관해 이야기하고 있습니다.

이제는 쓸모없어진 자신들의 모습이 초라하지만 레미 할머니의 손에 들려지면 다시 생명을 얻게 됩니다. 봄에는 딸기잼이 채워지고, 여름에는 새콤한 피클, 가을에는 귀여운 아기 고양이의 목에 노란 리본을 묶어주고, 겨울에는 빨간 털실이 레오 할아버지의 털모자로 변신을 합니다. 그런데 선택받지 못한 초콜릿을 담았던 작은 상자는 어떻게 될까요? 레오 할아버지가 레미 할머니를 위한 소중한 선물을 준비하는데 필요한 존재가 됩니다.

크기와 상관없이 존재하는 모든 것은 그들의 역할이 있고, 가치가 있습니다. 처음과 달리 다른 용도로 쓰인 상자와 깡통, 리본처럼 뜻하지 않은 기회에 더욱 멋진 모습으로 성장할 수 있습니다. 비록 처음이어서 서툴지라도 서두르지 말고, 천천히 자신만의 속도로 나아가주세요.

27. 자꾸 저를 건드립니다

[작은 배추]

피부가 하얗고, 키에 비해 마른 용사가 상담실로 들어옵니다. 안경으로 살짝 가려진 옆으로 긴 눈이 날카로운 인상을 말해주고 있습니다. 스스로 까칠하고, 예민해서 다른 사람들은 큰 의미 없이 말했는데 다르게 해석하고 있는 거 같다고 합니다. 그래서인지 전입해 오기 전 훈련소에서 분대장 역할을 하면서 다른 용사들과 마찰이 많았습니다.

후임들과의 관계에서도 후임에게 조언을 해야 할 때 좋게 전달할 수 있는 것을 말을 순화하지 못해 오해가 생긴 상황이 있었습니다. 징계로 이어져서 결과를 기다리고 있습니다. 그때는 몰랐으나 다음에 생각해보니 후임들이 기분 나빴겠다는 생각이 들었습니다. 사과하고 싶은데 받아줄지 모르겠고, 받아주지 않으면 화가 날 거 같다고 합니다.

용사의 어릴 적 이야기를 들어보면 전통이나 원칙을 강조하며 잘못할 때마다 매를 드셨던 엄한 부모님, 또한 가족들과의 관계에서 정서적 지원을 받지 못해 스스로 자신을 보호하며 지내와야 했습니다. 파도처럼 수시로 오르고 내리는 감정의 변화에 적절하게 대처하는 방법을 제대로 배우지 못했고, 대인관계에서 자신을 비난하거나 거절을 당하면 쉽게 마음이 상하고 좌절감을 느끼게 되었습니다. 또한, 말보다 행동이 먼저 나가 뒤늦게 후회하는 상황들이 많았다고 합니다. 이런 상황들이 생기면 자신에게만 왜 이런 일들이 생기는 걸까, 뭘 그렇게 잘못했을까를 늘 고민한다고 합니다.

상담 초기에도 용사가 다른 용사들과 마찰이 있었던 이야기를 들으며 객관적인 입장에서 설명해주고, 오해석할 가능성에 대해서도 차근차근 설명해주었습니다. 이런 상황들을 미루어보면 용사는 타인의 관점에서 사물과 현상을 바라보는 능력 즉, 조망 수용 능력이 조금 약할 수 있습니다. 그래서 좀 더 쉬운 표현으로, 예를 들어서 설명해주어야 했습니다.

전입 상담 후 본인이 상담을 요청해서 다시 만나게 되었는데 전보다 살이 더 빠져있어서 조금 놀랐습니다.

"선웅씨, 전입해 온 지 5개월 정도 되었는데 어떻게 지냈을까요? 우리 전입 상담하고 오랜만이에요."

"자꾸 사람들이 저를 건드립니다. 선임과 싸우고 싶지 않아서 전에 상담관님 말씀처럼 자리를 피하면 따라와서 '사람이 말하는데 어디 가냐, 안 듣냐'라면서 몰아붙이면서 말합니다. 자신도 제대로 안 하면서 저한테 지적하고, 저도 참지 못하고 본인도 안 돼 있지 않냐고 말했어요. 한 번 더 건들면 가만히 있지 못하겠습니다. 후임들하고 근무할 때도 오해가 생기고…. 그래서 다른 선임들한테 말이 돌고 하…. 어떻게 해야 할지 모르겠습니다."

"그동안 여러 가지 상황들이 있었겠네요. 불편했을 상황에 선웅씨가 마찰을 피하려고 노력한 부분이 있어요. 그 부분 잘했다고 말해주고 싶어요. 그런데 선임이 말할 때 선웅씨가 나간다고 화를 냈네요. 우리 한번 바꿔서 생각해볼까요? 후임이 선웅씨가 이야기하고 있는데 갑자기 밖에 나갔어요. 기분이 어떨까요?"

"당연히 기분 나쁘죠. 저를 무시하는 거 같습니다."

"선웅씨가 말한 것처럼 선임도 비슷한 마음이었을 거예요. 선웅씨가 싸울 거 같아서 피하고 싶을 때 상대방에게 '지금 감정이 올라와서 잠시 나갔다 오겠다'라는 메시지를 주면 어떨까요? 물론 화가 났을 때 바로 되지 않지만 늘 머릿속에 기억하고 있다가 감정이 올라오는 신호가 있을 때 연습해주면 좋을 거 같아요. 계속 반복해야겠죠."

"음…. 한 번도 해보지 않았지만 해보겠습니다."

용사와 호테하마 구도 나오코 글, 호테하마 다카시 그림의 그림책 『작은 배추』를 만나보았습니다. 자신의 존재에 대해 궁금한 작은 배추는 다 자랐어도 같은 밭에서 자란 배추들보다 작았습니다. 수확을 할 무렵 다른 배추들은 트럭에 실려 떠나지만 작은 배추는 선택되지 않습니다.

작은 배추는 큰 배추들처럼 서리와 눈으로부터 몸을 따뜻하게 하는 머리띠를 하고, 트럭에 타기 위해 열심히 체조를 합니다. 트럭이 다시 왔을 때 작은 배추는 이번엔 선택이 될까 기대를 합니다. 하지만 아저씨는 톡톡 두드리고는 '봄이 오면 꽃을 피워 나비와 놀아라.'라고 말하고 떠납니다.

바라고 바라던 일이 되지 않았는데 작은 배추의 마음이 어떨까요? 스스로 능력이 없다고 탓할 거 같고, 다른 무언가를 하고 싶을 때 시도하는데 어려움이 생길 거 같아요.

다행히 작은 배추 옆에는 땅속에 뿌리를 내리고 그늘이 되어주는 감나무 친구가 있습니다. 감나무는 작은 배추에게 봄이 무엇인지, 꽃이 무엇인지, 나비가 무엇인지 하나하나 친절하게 알려줍니다. 작은 배추는 감나무의 얘기를 듣고 트럭을 기다리기보다 가을과 겨울의 시간을 온몸으로 맞이하며 봄을 기다리며 꽃과 나비를 기다리는 것을 선택합니다.

용사는 작은 배추의 마음을 알 수 있을 거 같다고 합니다. 자신도 다른 배추들처럼 괜찮은 사람이고 싶은데 생각만큼 되지 않아 속상하고 능력이 없다는 생각이 든다고 해요.

누구에게나 그 사람을 반짝이게 하는 무언가가 있다는 걸 기억해주길 바랍니다. 작은 배추처럼 한 걸음씩 배우고, 나아간다면 큰 배추가 아니더라도 작은 배추만이 빛낼 수 있는 그 무언가가 존재할 거라 생각해요.

|셀프테라피|

Q 반짝이는 나만의 빛은 무엇인가요?

[상담자가 건네는 마음]
당신의 가치는 타인이 아닌 당신이 정하는 것입니다.

28. 화를 참지 못하겠습니다

[마음 정원]

 사회에서 학창 시절부터 지속해서 상담을 받아온 용사는 접수 면접 때 '지금껏 상담받으면서 큰 도움이 되지 않았다. 그래서 기대하지 않는다.'라고 기재를 했습니다. 솔직히 상담사로서 이런 말을 들으면 고민을 많이 하게 됩니다. 어떻게 개입해야 내담자에게 '상담받길 잘했다~!'라는 이야기를 들을 수 있을까, 좀 더 잘하고 싶다는 생각도 하게 되지요.

 용사는 충동적인 행동, 우울감, 자살 생각, 분노감 등의 정서적 어려움으로 상담을 받았다고 했고, 현재 군 생활에도 영향을 끼치고 있습니다. 다른 용사들과의 관계에서 자기 말을 들어주지 않는다고 느끼거나, 후임에게 잘못하고 있는 것을 이야기해줬을 때 기분 나빠하는 표정을 보인다거나, 자기에 대한 뒷담화를 들었을 때 화가 나서 결국 상대방과 다투게 된다는 것입니다.
 어느 날은 분노가 올라와 아무도 보지 않을 때 책상을 주먹으로 몇 대 쳤다고 합니다. 다투게 되면 선, 후임 간 관계가 좋지 않게 되고, 용사에 대한 뒷담화가 시작됩니다. 그래서 되도록 참으려고 감정을 누르고 또 눌렀지만 다른 용사들에 비해 행동화로 표출되는 횟수가 증가합니다. 이는 다른 용사들에 비해 부정적인 감정을 지연시키는 속도가 약할 수 있습니다.

용사의 히스토리를 들어보면 부모님께서 자주 싸우셨고, 결국 이혼하셨습니다. 그 환경에서 일하시느라 바쁘신 어머니 대신 동생과 둘이 집을 보면서 시간을 보내야 했습니다. 우리는 살면서 다양한 감정을 마주하게 되는데 곁에서 양육자 또는 단 한 명의 어른이라도 아이가 감정을 표현했을 때 받아주거나, 올바르게 표현하는 방법을 가르쳐 줄 수 있어야 합니다. 부정적인 감정 또한 안전한 대상이 받아주고, 괜찮다고 말해주는 경험을 겪었어야 합니다. 하지만 용사는 일하느라, 가정을 돌보느라 지친 어머니께 오히려 괜찮은 척했어야 했습니다. 그러다 보니 점점 자신의 감정을 돌보는 일을 하지 못했고, 오히려 차단하는 방법을 택했습니다.

"용사도, 어머니도, 동생도 모두 힘들었겠어요. 착한 아들이어야 어머니를 안심시킬 수 있었겠네요."

조금 놀란 눈으로 가만히 저를 응시하며 눈시울이 뜨거워지는 것을 알 수 있었습니다.

"부모님에 대해 원망은 하지 않습니다. 어렸을 때는 다른 아이들의 집과 달라서 힘들었지만, 지금은 오히려 일찍 철들게 한 거 같습니다."

용사와 임수현 글, 안효림 그림의 그림책 『마음 정원』을 함께 만나보았습니다. 아이는 마음 정원에서 하루에도 몇 번씩 마음의 변화가 일어나요. 정원 여기저기에 텅 비어 있는 곳은 작은 씨앗을 심어서 채우고, 기다립니다. 마음이 잘 자라기 위해서는 사랑과 정성, 희망을 곳곳에 뿌려 줘야 해요.

때때로 슬픔이 자라기도 하고, 뾰족한 마음이 올라와서 상처받기도 합니다. 포기하지 않고 조금씩 웃음과 행복을 모아 정원을 다시 보살피면 살아날 거라 믿습니다.

어쩌면 지금까지 용사의 마음 정원은 텅 비어 있었을지도 모릅니다. 정원을 채우는 방법을 몰랐고, 그 누구도 알려주지 않았으니까요. 지금도 늦지 않았습니다. 용사가 마음 정원을 가꾸고 싶은 마음만 있다면 우리가 함께 할 수 있습니다.

용사가 상담이 끝나고 제게 건네준 말이 있습니다.

"용사님, 지금 마음이 어떤가요?"

"지금까지 상담을 많이 받아왔는데 상담관님이 제일 내 마음을, 내 상태를 잘 알아준 사람입니다. 뭐라고 표현해야 할지 모르겠지만 든든합니다."

이렇게 감동적일 수 있을까요. 제 마음이 따뜻해졌습니다.

| 셀프테라피 |

Q 나의 마음 정원에는 나를 돌보기 위한 어떤 아이템이 있나요?

[상담자가 건네는 마음]

마음의 정원은 내 마음속에 있어요. 그 어떤 마음도 괜찮습니다.

29. 제가 진짜 하고 싶은 게 뭘까요?

[완두]

가끔 학업을 하다가, 개인 사정으로 군대에 늦게 와서 다른 용사들보다 나이가 많은 용사들이 있어요. 그들은 두 분류로 나누어집니다. 나이를 드러내지 않고 동료 용사들과 잘 지내려고 노력하거나, 주변 용사들이 불편해하니 스스로 거리를 두고 외딴섬을 자처하기도 합니다.

나이를 드러내지 않는 용사들 중 타인의 말을 잘 들어주고, 다양한 경험이 있는 용사들은 또래 상담병의 역할을 하기도 합니다. 또래 상담병은 군 생활을 같이하며 간부님과 용사 사이에서 용사들에게 실질적으로 도움을 주는 역할을 하고 있습니다. 사회에서의 다양한 경험으로 관계에서 어렵거나, 군 생활에서 일어나는 어려움에 대해 개인적인 조언을 구하는 용사들에게 힘이 되기도 합니다.

나이가 많은 용사들은 자신보다 나이가 적은 용사에게 선임 대접을 해줘야 하고, 선임이라고 반말을 하는 용사에 대한 정서적 불편감이 생겨 군대 생활에 부정적인 시선을 갖기도 하지요.

제가 만난 용사는 다른 용사들보다 5살 정도가 많습니다. 스스로 나이가 많다고 대접받고 싶은 생각도 없고, 나이를 잊고 잘 지내고 있다고 합니다. 용사에게 어떤 이유로 군대에 늦게 들어왔는지 물으니 수의과 학생으로 재수를 하고, 졸업하고 왔다고 합니다. 공부하며 스트레스를 많이 받기도 했다고 합니다. 그런데 최근 면허시험에서 반복적으로 떨어져 자존감이 많이 떨어져서 힘들다고 합니다. 부대에서 휴가를 배려해 주기도 했고, 부모님의 기대가 커서 준비를 한다고 했는데 합격하지 못했다고 합니다.

"철규씨가 진심으로 원하는 일이 뭘까요? 정말 수의사가 되고 싶을까요? 철규씨가 한번 신중하게 생각해 볼 필요가 있어 보여요. 부대에 많은 배려도 해주었고, 준비를 나름 했다고 하는데 왜 계속 떨어질까요? 노력이 부족했을까요?"

"(눈동자가 흔들리면서) 음…. 사실 저도 모르겠습니다. 저도 그 부분에 대해서 생각을 많이 했습니다. 진짜 원하는 게 아닐지도 모르겠다고. 친구들은 한 번에 붙어서 마음 편하게 있는데 저는 지금이 세 번째입니다. 교수님, 부모님, 친구들 보기가 너무 창피합니다. 그리고 제 마음속에서는 하고 싶지 않다는 마음이 큽니다. 부모님의 기대로, 주변 사람들이 하니까 저도 해야 한다고 생각했습니다. 조금만 더 노력했으면 붙었을 텐데 이상하게도 매번 아깝게 떨어집니다. 제가 진짜 하고 싶은 게 뭔지 모르겠습니다. 절실하게 노력하지 않는 제가 보입니다."

용사와 다비드 칼리 글, 세바스티앙 무랭 그림의 그림책 『완두』를 만나보았어요. 완두는 태어날 때부터 완두콩처럼 아주 작은 아이입니다. 완두의 옷은 엄마가 직접 만들어주시고, 신발은 인형 신발을 신고, 침대는 기분에 따라 달라져요. 성냥갑이 되기도 하고, 고양이의 등이 되기도 합니다. 완두는 책을 읽기도 하고, 숲을 탐험하기도 하고, 물놀이도 하고, 자동차 운전도 할 수 있습니다. 완두의 세상에서는 자유롭고 즐겁고, 자기만의 세상입니다.

그런데 완두는 학교에 가기 시작하면서부터 다른 친구들보다 작다는 것을 깨닫게 됩니다. 자신보다 훨씬 큰 의자에 앉기 힘들고, 수업을 따라가는 것, 밥을 먹는 것, 친구들을 사귀기도 어렵습니다. 현실을 마주하며 잠시 힘들어하지만, 완두는 좌절하지 않고 힘을 내어 일어납니다.

완두는 무슨 일을 하게 될까요?

힘들다고 바로 포기하지 않고, 시행착오를 겪으며 완두가 잘할 수 있는 일을 찾았습니다. 완두는 좋아하는 그림그리기를 꾸준히 했고, 자신이 처한 환경에서 할 수 있는 최선의 일을 만나게 된 것입니다. 좋아하는 일을 꾸준히 하니, 어느새 실력도 향상이 되었을 것입니다.

용사들은 군대에서 진로 고민을 많이 하게 됩니다. 환경 자체가 생각할 시간이 많아지고, 전역을 하게 되면 사회에 있을 때의 모습으로 돌아가기보다 좀 더 성장하고 싶어 합니다. 하지만 정작 생각할 시간이 많다고 모두 결정되는 것이 아닙니다. 정보를 찾고, 경험을 할 수 있는 부분에서 사회에서 더욱 자유롭지 못합니다. 그렇다고 좌절할 것이 아니라 지금의 환경에서 할 수 있는 일을 해야 할 것입니다.

자신이 어디에 흥미가 있는지, 무엇을 할 때 즐거운지, 무엇을 잘 할 수 있는지, 자신의 강점과 약점은 무엇인지를 파악하는 것을 먼저 해야 할 것입니다. 그 후 관심이 있는 키워드를 중심으로 검색엔진, 유튜브 등을 검색하면서 하나씩 찾아가길 권하고 있습니다.

용사는 저와 상담하면서 자신이 수의사보다 연구에 관심이 있다는 것을 알게 되었습니다. 대학원 진학도 생각하고 있어서 휴가 때 교수님을 찾아뵙고 의논을 드리기로 했습니다. 물론 지금 결정지을 수 없습니다. 남은 군 생활하는 동안 끊임없는 탐색, 고민해보고 전역을 했을 때 실제로 하나씩 경험하며 시행착오를 겪을 것입니다.

우리가 살아가며 무엇보다 중요한 건 새로운 일에 대한 두려움보다 용기를 내고, 실패해도 괜찮다는 마음입니다. 우리는 완전체가 아니기 때문에 실패해도 괜찮습니다.

┌─ **ǀ셀프테라피ǀ** ──────────────────
│
│ **Q** 나의 강점과 약점을 찾아보세요.
│
│
│ **Q** 요즘 나의 관심사를 키워드로 나열해보세요.
│
│
│ **Q** 나는 어떤 사람이 되고 싶나요?
│
└──────────────────────────────

[상담자가 건네는 마음]
포기하지 않는 용기를 가진 당신을 응원합니다!

[1부에서 소개한 책 목록]

* 가드를 올리고 | 고정순 글그림 | 만만한책방 | 2017년
* 오!미자 | 박숲 글그림 | 노란상상 | 2019년
* 하늘을 날고 싶은 아기새에게 | 피르코 바이니오 글그림 | 토토북 | 2019년
* 불안 | 조미자 글그림 | 핑거 | 2019년
* 키오스크 | 아네테 멜레세 글그림 | 미래아이(미래M&B) | 2021년

[2부에서 소개한 책 목록]

* 파란모자 | 조우영 글그림 | 바람의아이들| 2021년
* 구덩이 | 다니카와 슌타로 글/와다 마코토 그림 | 북뱅크 | 2017년
* 돌씹어 먹는 아이 | 송미경 글/세르주 블로크 그림 | 문학동네 | 2019년
* 앙통의 완벽한 수박밭 | 코린 로브라 비탈리 글/마리옹 뒤발 그림 |
  그림책공작소 | 2021년
* 나 꽃으로 태어났어 | 엠마 줄리아니 글그림 | 비룡소 | 2014년
* 천천히 천천히 | 케이트 도피락 글/크리스토퍼 실라스 닐 그림 | 나는별 |
  2021년
* 내 마음은 | 코리나 루켄 글그림 | 나는별 | 2019년
* 뭐라고 불러야해 | 천준영 글그림 | 달그림 | 2021년
* 마음안경점 | 조시온 글/이소영 그림 | 씨드북 | 2021년
* 한밤의 정원사 | 테리 펜,에릭 펜 글그림 | 북극곰 | 2016년
* 적당한 거리 | 전소영 글그림 | 달그림 | 2019년
* 지혜로운 멧돼지가 되기 위한 지침서 | 권정민 글그림 | 보림 | 2016년
* 빨간나무 | 숀 탠 글그림 | 풀빛 | 2019년
* 엘리베이터 | 야엘 프랑켈 글그림 | 후즈갓마이테일 | 2021년
* 나는 돌입니다 | 이경혜 글/송지영 그림 | 문학과지성사 | 2019년
* 바늘아이 | 윤여림 글/모예진 그림 | 나는별 | 2020년
* 나는 돌입니다 | 이경혜 글/송지영 그림 | 문학과지성사 | 2019년

* 함께 | 루크 아담 호커 글그림 | BARN | 2021년
* 시간이 흐르면 | 이상희 역 | 그림책공작소 | 2016년
* 흔들린다 | 함민복 글/한성옥 그림 | 작가정신 | 2017년
* 나는 나는 새 | 조우 글그림 | 반달(킨더랜드) | 2016년
* 삶은 달걀과 호박 | 안소민 글그림 | 옥돌프레스 | 2021년
* 바다로 간 페넬로페 | 세마 시르벤트 라구나 글/라울 니에토 구리디 그림 |
  책과콩나무 | 2020년
* 나는 돌멩이야 | 주세페 칼리체티 글/노에미 볼라 그림 | 단추 | 2022년
* 나의 아기 오리에게 | 코비 야마다 글/찰스 산토소 그림 | 상상의힘 | 2022년
* 끝의 아름다움 | 알프레도 코렐라 글/호르헤 곤살레스 그림 | 소원나무 |
  2021년
* 레미 할머니의 서랍 | 사이토 린, 우키마루 글/구라하시 레이 그림 |
  문학과지성사 | 2022년
* 작은 배추 | 구도 나오코 글/호테하마 다카시 그림 | 길벗어린이 | 2015년
* 마음정원 | 임수현 글/안효림 그림 | 발견(키즈엠) | 2021년
* 완두 | 다비드 칼리(코르넬리우스) 글/세바스티앙 무랭 그림 | 진선아이 |
  2018년